L'OCCULTE
CHEZ LES ABORIGÈNES
DE L'AMÉRIQUE DU SUD

Dʀ HENRI GIRGOIS

L'OCCULTE
CHEZ
LES ABORIGÈNES
DE L'AMÉRIQUE DU SUD

OUVRAGE ORNÉ DE CINQ GRAVURES

PARIS
CHAMUEL, ÉDITEUR
5, RUE DE SAVOIE, 5
—
1897

INTRODUCTION

Aujourd'hui que l'étude de l'occulte occupe une partie des penseurs ; que les phénomènes psychiques de toute sorte sont à l'ordre du jour ; que les savants officiels osent entrouvrir la lucarne, depuis si longtemps fermée, qui donne sur cette science tant dédaignée de leurs recherches, il est du devoir de tout occultiste de contribuer, dans la force de ses moyens, au développement de cette branche si attirante du savoir humain.

La recherche de l'occulte, dans l'Amérique du Sud, ne devait être dans le principe qu'un article de Revue ; mais de nouvelles données, de nouveaux points de vue sont venus augmenter notre tâche. Elle aurait été incomplète, obéissant à notre première idée.

Il nous a paru intéressant d'aider peut-être

à élucider un point obscur dans l'Histoire de l'Humanité : l'existence et la destruction de la fameuse Atlantide. Peut-être est-ce notre seul désir d'être utile qui nous a fait croire que la preuve, que nous espérons faire complète, apportera un peu de lumière dans cette question troublante qui se rattache si sérieusement à tous les sanctuaires occultes.

En prouvant qu'une partie de ce continent, si éloigné des autres, a été peuplée, en des temps si reculés qu'il est presque impossible d'en établir la date même approximative, par une race étrangère à toutes les autres races du pays et qui n'a ses représentants que dans l'ancien monde : les Pélasges et les Aryens, — si nous prouvons ensuite que cette race n'a pu y venir, à cette époque si éloignée, faute de moyens de transport en rapport avec les énormes distances à franchir qui existent actuellement, — il faudra bien admettre, alors, qu'entre l'ancien et le nouveau monde il existait un continent ou partie de continent qui ait diminué ainsi l'extension des mers, et facilité l'émigration de ces peuples au moyen de leurs engins rudimentaires de navigation.

Je prouverai ensuite, au moyen de la linguistique, que la langue principale, celle qui a appartenu au peuple dominateur et étranger, aux Peruhas, les Quichuas actuels, est le sanscrit à l'état primitif agglutinant. La haute antiquité de ce peuple sera prouvée par là, puisqu'il aura émigré des sources aryennes bien avant la grande civilisation orientale, qui a depuis des milliers de siècles sa langue formée. Cette antiquité nous rapprochera certainement des temps probables où florissait la puissante civilisation atlantide.

Des légendes historiques et zodiacales nous aideront à compléter la certitude.

Nous copions du journal *Movimiento de Genova*, l'article suivant qui vient aussi nous aider dans notre thèse :

« Origines de l'Amérique : Un fait en lui-même très simple est venu prouver que l'Amérique a été peuplée par différentes races venues des autres continents.

« Le 21 octobre 1887, dans la Colombie Anglaise, des ouvriers trouvèrent dans la mine de Casiar, à six pieds de profondeur, des médailles chinoises, réunies par un fil de fer qui se réduisit en poudre au contact de l'air. Les inscriptions de ces médailles indiquent qu'elles furent frappées il y a environ trois mille ans.

« Ainsi, plusieurs milliers d'années avant

C. Colomb, les habitants anciens du Céleste Empire visitèrent l'Amérique, et, s'ils n'ont pas été les seuls habitants, ils ont ouvert la route aux autres peuples de l'Asie.

« Selon les anciens libres Chinois, à ces époques éloignées, entre l'Asie et l'Amérique il existait d'autres terres qui facilitaient les communications. »

BIBLIOGRAPHIE

Nous avons mis à contribution, outre les auteurs espagnols anciens : Acosta, Montesinos, Zamorra, Balboa Garcilazo et P. Martyre, les auteurs modernes : Peralta Fergusson, Tschudi et Rivero, Bopp, Max Müller, J. Oppert, Holguin, V.-F. Lopez, Mitre, Mansilla.

Translittération et prononciation des mots indigènes :
Toutes les lettres sonnent; il n'y a pas d'*e* muet. *J* se prononce comme *h* aspirée.

U a toujours le son *ou*.

Ch se prononce *Tch*.

Ñ comme *Gn* dans Ag*n*eau.

L'OCCULTE
CHEZ LES ABORIGÈNES
DE L'AMÉRIQUE DU SUD

AMÉRIQUE

Beaucoup prétendent, d'après les livres classiques, que ce fut Amérigo Vespuccio qui donna son nom au nouveau monde, découvert par C. Colomb.

D'abord, Vespuccio ne se nommait pas Américo ou Amérigo, mais Albericus, Alberico. Ceci est prouvé par des documents authentiques conservés en Italie et en Espagne.

Les documents antérieurs à 1506 portent tous le prénom Albericus. C'est seulement après cette date que Amérigo paraît au bas de deux lettres, et selon les érudits elles sont apocryphes.

C'est en 1507 que Martin Waldséemüller publia, à Saint-Dié, un livre intitulé : *Cosmographiæ introductio,* dans lequel il propose de donner au nouveau continent le nom d'AMERRIQUA, se basant sur ce qu'en 1499, quand Alfonso de Ojeda découvrit ce qu'on appelle aujourd'hui Centre-Amérique, les

Indiens de la côte de Cumara donnaient au continent le nom d'Amerriqua.

Une preuve en est donnée par une carte nautique publiée à Lyon en 1522, édition de Ptolomée, « Orbis typus Universalis juxta hydrographorum tradictionem exactissimé depicta ». On lit Amerriqua près d'une langue de terre au-dessus du Brésil, qui, à cette époque, se nommait Terra Sanctæ Crucis, et comprenait tout le territoire sud-américain jusqu'à l'isthme.

Il est évident que ce mot Amerriqua représente le nom de la partie où il se trouvait. Jusqu'à cette époque le nouveau monde était connu sous le nom de Las Indias et les rois d'Espagne prenaient le titre de *Hispaniarum Indiarumque*.

Il est alors plus que probable qu'au lieu d'être Alberico Vespuccio qui aurait donné son nom à l'Amérique, il aurait, lui, pris le nom de la terre découverte par Alfonso de Ojeda, qu'il accompagnait, modifiant ainsi son nom afin de se distinguer des autres Vespuccio, ses parents.

Il est parfaitement établi que la majeure partie des documents florentins se reliant aux voyages de Vespuccio ont été falsifiés, afin de donner à l'Italie la prépondérance dans la découverte de l'Amérique. Rien du reste n'est plus facile, dans un manuscrit, d'Alberico de faire Américo.

Antonio Herrera, historien espagnol en 1615, un siècle après la découverte de l'Amérique, critique fort sévèrement Vespuccio, et le présente comme un simple cosmographe attaché au pilote Juan de la Costa. Il ajoute que les écrivains espagnols contemporains de la découverte, entreautres Pedro Martize, refusent à Vespuccio une coopération importante dans la découverte de l'Amérique, le présentant comme un faussaire et seul historien de ses prétendues découvertes.

Les éditions des lettres relatives à ses deux premiers voyages portent toutes le prénom Alberico ; seule l'édition d'une lettre où il raconte son troisième voyage, celui à la côte Amerriqua, porte le prénom Amérigo.

On peut conclure que si le Français C. Colomb, puisque lors de sa naissance Gênes appartenait à la couronne de France, n'a pas donné son nom au monde qu'il découvrit, Vespuccio ne lui a pas non plus donné le sien, puisque Amerriqua est le nom indien de ce continent, ou tout au moins de la partie centrale.

L'Amérique aux Américains.

LES INDIENS DE L'AMÉRIQUE DU SUD. RACES, IMPORTANCE DANS LES TEMPS MODERNES. — LA ARGENTINA.

Pour étudier sérieusement la tradition occulte des Aborigènes, il faut l'étudier dans chacune des races principales, en prenant en considération les zones qu'ils habitent ou habitaient. Tous les climats sont représentés dans l'Argentina, depuis le pôle austral jusqu'au tropique du Capricorne.

La Pampa étant de formation récente, partout terrain d'alluvion, on ne peut la considérer que comme un habitat tout à fait moderne : quelques siècles.

Les indigènes forment trois grandes races :

I. LES ARAUCANIENS, qui peuplent le sud et la partie centrale de la Pampa. Ils se divisent en sous-races : 1° les Avéquédichés et Loquédichés, dans la Terre de Feu et détroit de Magallan ; 2° les Téhuelchés, dans la Patagonie ; 3° les Puelchés, Ranquélés et Péhuenchés, dans la Pampa centrale.

II. LES GUARANIS, qui habitent la partie est de l'Argentina et le Chaco, se divisent en sous-races : Quérandies, Timbus, Quiliosos, Charruas, Chanos, Tobas, etc.

III. Les Quichuas, race inca-péruvienne, laquelle fournit les sous-races : Coméchigonés, Michilingués, Diaguitas, Escalonés, Guafurés, Tumbayas et Humahuacas. Elles habitent la partie nord de l'Argentina, le Pérou et Bolivie.

Chacune de ces races a sa physionomie particulière, ses coutumes, religions et traditions. Elles tendent toutes à disparaître, se fondant avec les colons étrangers ou détruites par la paresse ou l'alcool, spécialement les Araucaniens.

Par la grande extension de leurs territoires, la Pampa, par leur caractère sauvage, indomptable, les Araucaniens sont ceux qui ont donné le plus à faire au Gouvernement argentin pour les resoumettre ces temps derniers. Le dictateur Juan Manuel de Rosas (1835-1852), par sa politique large et le respect de la parole donnée, s'en était fait des amis. La mauvaise foi des chefs de frontières, qui promettaient beaucoup aux indigènes, a été la cause principale des continuelles révoltes. Comme on prenait aux Indiens leurs territoires de chasse, principale ressource des habitants des Pampas, le Gouvernement accordait aux tribus qui se soumettaient les rations nécessaires à leur entretien ; mais, avant d'arriver aux Caciques, elles passaient par tant de mains que, presque toujours, il ne restait que quelques chevaux hors d'usage, desquels les pauvres soumis devaient se contenter.

Les expéditions faites pendant les années 1878-80, conduites avec beaucoup de soins et d'ensemble par quelques chefs, désireux plutôt de gloire militaire que de trafic : le colonel Marcelino Freyre, chef de la frontière de Guamini, entre autres, ont surpris les indigènes sans chevaux ; une épizootie les avait décimés ; sans son cheval, l'Indien est nul. C'était probablement le moment psychologique de ces pauvres êtres qui, sans combats sérieux, ont été pris, incorporés dans l'armée argentine, les adultes mâles ; les femmes et enfants distribués aux habitants. Un esclavage déguisé sous le nom de civilisation. Triste fin d'un peuple dégénéré ; leurs ancêtres des contreforts des Andes étaient très puissants et possédaient une civilisation assez élevée qui leur a permis de mettre plusieurs fois en échec la toute-puissance des Incas, leurs seigneurs et maîtres.

Les pauvres habitants de la Terre de Feu sont en train aussi de mourir de la civilisation.

Les Patagoniens, plus vivaces et commerçants, se sont repliés sur les Andes ; pour conserver leur indépendance, ils trafiquent avec le Chili.

Les *Guaranis*, habitants anciens des territoires des provinces de Buenos-Aires, Santa-Fé, Entre-Rios, Corrientes, l'est de l'Argentina, ne sont pas soumis ; retirés dans le Chaco, immense zone boisée, ils font de temps en temps des invasions partielles, enlèvent les animaux des quelques colons qui peuplent ou essayent de peupler ces territoires si riches des zones torrides.

Depuis la conquête, et l'établissement des Européens, une grande partie de la race guarani forme un contingent très important de la population des provinces de l'Est : los hijos del pais, les fils du pays. L'idiome guarani est parlé presque partout dans ces provinces. Les Jésuites, par leur mission, le terrioire de Missiones, ont beaucoup contribué à l'assimilation des Guaranis avec les étrangers envahisseurs.

L'histoire des commencements de la conquête espagnole est remplie de luttes, de révoltes, de destruction des établissements par les Indiens Guaranis.

Les *Quichuas* sont peut-être les plus pauvres et es plus misérables de tous les indigènes. On dirait que plus haute a été une civilisation, plus bas doivent n tomber les restes. Ces pauvres gens essentielement pacifiques, cultivateurs, sont employés par scouades, à peine payés et nourris, par des entre-reneurs, qui les louent aux cultivateurs de la canne . sucre. Ils ne sont pas esclaves comme leurs frères es Araucaniens soumis, cela est vrai, mais je crois qu'ils sont plus misérables.

En y pensant bien, on doit les estimer heureux de eur abaissement intellectuel général, car comment ourraient-ils supporter, sans souffrance, les splen- eurs de leur civilisation passée qu'ils heurtent à haque instant : des villes entières, des ruines splen- ides sont là, prouvant la toute-puissance intellec- uelle de leurs aïeux.

La race quichua, soit pure, soit alliée aux étrangers orme l'élément principal des habitants des provinces ndines et du nord. Tout comme leurs congénères es Guaranis, les Quichuas restés dans leurs terri- oires lors de la conquête forment, avec l'élément tranger, ce que l'on est convenu d'appeler les créoles. e quichua est la langue parlée dans toutes ces rovinces.

Les Quichuas race Aryenne

M. d'Orbigny, le plus compétent des naturalistes qui ont étudié l'ethnologie argentine et péruvienne, a déclaré catégoriquement que les caractères ethnologiques des Quichuas sont essentiellement distincts des autres races américaines, et forment une exception notable dans le continent qu'ils habitent. La tête est oblongue, du front à l'occiput; le nez est fort remarquable, toujours proéminent, long et arqué; les yeux sont de grandeur moyenne, toujours droits, sans obliquité ni relèvement de l'angle extérieur (type de tous les Indiens de l'Amérique du Sud), le profil forme un angle obtus presque égal au nôtre, et sans plus de différence que les maxillaires qui sont un peu plus saillants que chez les individus de race caucasique. La physionomie est toujours sérieuse, quelque peu mélancolique, jamais indolente, elle exprime une vive pénétration, une intention profonde de cacher les idées sous l'uniformité constante des attitudes, sans laisser percer aucune des émotions que les autres races manifestent si aisément. Un vase antique, dit le même d'Orbigny, nous représente avec une fidélité admirable les traits des Quichuas actuels, et nous prouve que leur physionomie n'a pas changé depuis plus de huit cents ans.

La couleur est notamment uniforme chez les individus de race pure; elle n'est ni rouge, ni cuivrée comme celle des Indiens de la Pampa et de l'Amérique du Nord, ni jaunâtre comme celle des Guaranis et des Indiens du Brésil. Les Quichuas ont la teinte du bronze de même que les mulâtres ; le pied est toujours ramassé et fort haut de cou.

M. Pritchard assure, de son côté, que les qualités morales des Quichuas forment le plus complet contraste avec les autres races indigènes.

Cette race exceptionnelle dans l'Amérique du Sud ne peut être aborigène ni venir de l'Amérique du Nord, où le type n'existe pas. Supposer que cette perfection physique et morale soit née d'elle-même sans le secours des siècles est une théorie étrangère à la méthode expérimentale.

Que l'homme ait surgi dans plusieurs parties du monde à la fois, ou dans une seule, ce sont deux hypothèses qu'on peut concevoir et discuter. Mais que l'une des races ait reçu en naissant la perfection physique et morale, et se soit vue immédiatement pourvue d'une civilisation égale à celle des races les plus anciennes, est une chose que personne ne peut admettre.

Si donc, comme l'assurent M. d'Orbigny et autres, la race quichua n'a sur le sol américain ni précédents ni analogues, il faut bien convenir qu'elle tire son origine et sa civilisation des autres parties du monde.

Sera-ce au Mexique que nous devons chercher la solution du problème ? Non sans doute ; les deux civilisations si importantes du continent américain ont pu être parallèles tout en étant différentes. Selon Fergusson l'architecture est complètement différente ; les langues sont aussi distinctes que possible ; le type général n'a aucun point de contact. Les Toltèques, base antique de la population de Guatemala et du Mexique, rapportent au midi les origines de leur première civilisation. Toltèque signifie tribu brûlée ; la couleur des quichuas est si différente des autres que ce nom peut leur être attribué. En outre, la linguistique nous aiderait à prouver que les Toltèques ou Mexicains sont probablement d'origine quichua, car beaucoup de noms mexicains peuvent s'expliquer par le quinchua, tandis que le contraire n'a pas lieu.

Il est presque impossible, d'ailleurs, de venir par mer du nord au sud le long du Continent. Les côtes de la Nouvelle-Grenade sont presque inabordables : on y rencontre le courant d'eau chaude qui va du sud au nord avec une rapidité de deux milles à l'heure. Si bien on suppose la navigation antique beaucoup trop imparfaite pour permettre aux peuples primitifs de venir, par exemple, de l'Inde au Pérou, dans l'état actuel des continents, il faut avouer qu'ils peuvent encore bien moins y arriver du Mexique car les difficultés pour les navires à voile de notre époque sont énormes ; ces navires doivent remonter à l'ouest plus de deux cents lieues pour tourner le courant.

On nous objectera que ce voyage maritime n'est pas nécessaire : les tribus Mexicaines et du Guatemala peuvent gagner le Pérou par terre. Cela est vrai, mais une civilisation ne se transplante pas en un seul voyage ; il se forme entre les deux points extrêmes un courant continu dont les points intermédiaires sont nettement marqués. Ce qui n'existe pas. Enfin le souvenir de ces voyages subsiste dans les traditions de la race. Loin que le pouvoir des Mexicains se soit fait sentir dans les mers du sud, c'étaient les Incas et les seigneurs de Quito qui envoyaient leurs vaisseaux vers le nord. Pierre Martyre, reproduit par les meilleurs auteurs espagnols, le confirme. Quand les Espagnols abordèrent au Mexique, ils n'y trouvèrent pas la tradition d'une marine de guerre, tandis qu'à peine arrivés sur les côtes de l'isthme, ils y entendirent parler des grandes barques péruviennes. Les incas firent des guerres maritimes.

Le nom que les tribus émigrantes donnèrent à leur nouvelle patrie fut *Peru* : en sanscrit *Peru* veut dire l'*Orient*, ce qui n'indique pas une émigration du nord au sud.

Fergusson a consacré un chapitre de son œuvre capitale à l'architecture du Pérou ; la comparant à celle du Mexique, il dit : « Rien ne prouve mieux la
« disparité d'origine, le manque absolu de contact,
« l'opposition d'idée, d'esprit et d'habitudes qui
« séparent ces deux parties du Continent Le Pérou
« se trouvait si près du Mexique et les habitants
« avaient atteint un degré de civilisation si égal qu'il
« serait tout naturel de rencontrer une ressemblance
« considérable dans leur manière de bâtir et de
« décorer les édifices. Il n'en est rien pourtant : on
« trouverait difficilement deux peuples, pris parmi
« les plus éloignés, où le style et l'art de construire
« diffèrent plus essentiellement que chez ces deux
« peuples américains. »

Trompé par les chroniques catholiques, erronées à plaisir, de Garcilazo, qui prétend renfermer dans trois siècles la création et le développement de cet art de l'architecture et ne comprenant pas, il écrit le passage suivant : « Si nous nous enfermons dans les
« limites qu'on attribue généralement à l'histoire du

« Pérou, il nous devient difficile d'assigner approxi-
« mativement la date de chaque édifice. Bien qu'il
« s'agisse ici de maçonnerie plutôt que de la véri-
« table architecture, il est bien surprenant qu'un
« peuple barbare ait pu faire de si grands progrès
« en si peu de temps et ait passé des formes les plus
« rudimentaires de l'époque cyclopéenne à des con-
« structions qui peuvent rivaliser en perfection avec
« celles du même genre, élevées dans toutes les par-
« ties du Monde. » Après avoir décrit les splendeurs
des fortifications du Cuzco, les qualifiant de les plus
parfaites entre toutes celles que nous connaissions, il
confirme la ressemblance des constructions péruviennes avec les maçonneries cyclopéennes et pélasgiques du Latium et ajoute que les vues recueillies
au Pérou par M. Pentland pourraient passer pour
des planches originales de la description de l'Italie
antique par Dodwell et réciproquement. Le savant
Anglais que nous citons, entraîné par l'identité de
l'art péruvien avec l'art pélasgique, convient que les
constructions par blocs polygonaux exigent une très
grande dextérité et des instruments de métal parfaits,
car dans la construction du Cuzco les lignes forment
à dessein des étoiles, des hommes, des dieux, etc.

« Il y aurait ajoute-t-il, des hypothèses fort ten-
« tantes à faire pour expliquer la ressemblance de
« style qu'on trouve dans les constructions péru-
« viennes avec les ruines pélasgiques de l'Italie ; en
« effet cette ressemblance est la plus remarquable
« des coïncidences que nous puissions noter sur l'his-
« toire de l'architecture. Il est bien digne aussi d'ob-
« server que chez les Péruviens comme chez les

« Pélasges le style consiste dans la forme pure de la
« maçonnerie et ne présente jamais la moindre
« trace de moulure ou de sculpture. Si, chez l'un de
« ces deux peuples, l'une ou l'autre de ces particu-
« larités se fût rencontrée, l'importance de cette
« coïncidence serait mille fois moindre. »

Ceci est, à notre avis, une preuve évidente de l'unité des deux civilisations et des deux races, et prouve leur commune origine.

Si de l'architecture nous passons à la céramique, nous verrons les mêmes phénomènes se reproduire : conformité et souvent complète ressemblance entre la céramique égyptienne, étrusque, pélasgique et péruvienne. Il suffit de feuilleter l'atlas publié à Vienne en 1851 par MM. Rivero et Tschudi et de comparer les poteries péruviennes et quichuas, figu-rées dans cet ouvrage, à celles reproduites par M. Birch sur la céramique antique.

Il nous paraît prouvé que les Quichuas argentins et péruviens ne sont pas aborigènes et ne sont pas venus du Mexique, comme quelques ethnographes auraient voulu le faire croire. Le contraire serait plus près de la vérité ; c'est-à-dire qu'une colonie quichua aurait émigré au Mexique y apportant sa civilisation ; que dominée par le nombre et ne recevant plus rien de la Métropole elle aurait perdu sa physionomie typique et sa langue.

Le parallélisme des deux grandes civilisations incas et astèques permet cette supposition.

Montesinos fait partir d'Arménie les premières tribus qui peuplèrent le Pérou et date cette émigra-tion de l'an 500 après le déluge, car « bien que les

« Indiens assurent que leur origine remonte à une
« plus grande antiquité, nous professons comme arti-
« cle de foi, que cela est impossible et contraire à
« ce que nous enseignent les livres sacrés sur le
« déluge. »

Il ne faut pas oublier qu'à l'époque où les Espagnols débarquèrent dans le nouveau monde, le Pérou possédait une civilisation encore très puissante dont tout le monde admire la grandeur. L'empire des Incas occupait alors la moitié au moins du continent sud et comptait plus de vingt millions d'habitants gouvernés par un seul maître, qui résidait d'ordinaire à Cuzco, mais faisait de fréquents voyages dans les provinces pour mieux connaître les tendances et les besoins des peuples soumis à sa domination. Ce souverain avait une armée permanente de trois cents mille hommes, parfaitement disciplinés Il entretenait une flotte nombreuse qui, tous les ans, remontait jusqu'à l'isthme de Panama et recueillait en passant, le tribut des populations maritimes. La religion était pure et ses prêtres prêchaient une morale élevée; la noblesse était intrépide et instruite, le peuple intelligent, laborieux et soumis; l'industrie et l'agriculture très florissantes; des travaux d'irrigation merveilleusement entendus : des routes larges et commodes, vraies voies romaines étaient, parcourues régulièrement par des courriers qui faisaient le service des postes.

A côté de ces développements matériels, les récits des Espagnols nous font constater un développement intellectuel et moral antérieur de beaucoup à l'époque où les Européens vinrent apporter au nouveau

« Il y aurait ajoute-t-il, des hypothèses ten-
« tantes à faire pour expliquer la ressemblance
« de style qu'on trouve dans les constructions
« péruviennes avec les ruines pélasgiques de
« l'Italie ; en effet cette ressemblance est la plus
« remarquable des coïncidences que nous puis-
« sions noter sur l'histoire de l'architecture. Il
« est bien digne aussi d'observer que chez les
« Péruviens comme chez les Pélasges le style
« consiste dans la forme pure de la maçonnerie
« et ne présente jamais la moindre trace de mou-
« lure ou de sculpture. Si, chez l'un de ces deux
« peuples, l'une ou l'autre de ces particularités
« se fût rencontrée, l'importance de cette coïn-
« cidence serait mille fois moindre. »

Ceci est, à notre avis, une preuve évidente de l'unité des deux civilisations et des deux races, et prouve leur commune origine.

Si de l'architecture nous passons à la céramique, nous verrons les mêmes phénomènes se reproduire : conformité et souvent complète ressemblance entre la céramique égyptienne, étrusque, pélasgique et péruvienne. Il suffit de feuilleter l'atlas publié à Vienne en 1851 par MM. Rivero et Tschudi et de comparer les poteries péruviennes et quichuas, figurées dans cet ouvrage, à celles reproduites par M. Birch sur la céramique antique.

Il nous paraît prouvé que les Quichuas argentins et péruviens ne sont pas aborigènes et ne sont pas venus du Mexique, comme quelques ethnographes auraient voulu le faire croire. Le contraire serait plus près de la vérité ; c'est-à-dire qu'une colonie quichua aurait émigré au Mexique y apportant sa civilisation ; que dominée par le nombre et ne recevant plus rien de la Métropole elle aurait perdu sa physionomie typique et sa langue.

Le parallélisme des deux grandes civilisations incas et astèques permet cette supposition.

Montesinos fait partir d'Arménie les premières tribus qui peuplèrent le Pérou et date cette émigration de l'an 500 après le déluge, car « bien « que les Indiens assurent que leur origine re- « monte à une plus grande antiquité, nous pro- « fessons comme article de foi, que cela est im- « possible et contraire à ce que nous enseignent « les livres sacrés sur le déluge. »

Il ne faut pas oublier qu'à l'époque où les Espagnols débarquèrent dans le nouveau monde, le Pérou possédait une civilisation encore très puissante dont tout le monde admire la grandeur. L'empire des Incas occupait alors la moitié au moins du continent sud et comptait plus de vingt millions d'habitants gouvernés par un seul maître, qui résidait d'ordinaire à Cuzco, mais faisait de fréquents voyages dans les provinces pour mieux connaître les tendances et les besoins des peuples soumis à sa domination. Ce souverain avait une armée permanente de trois cent mille hommes, parfaitement disciplinés. Il entretenait une flotte nombreuse qui, tous les ans, remontait jusqu'à l'isthme de Panama et recueillait en passant, le tribut des populations maritimes. La religion était pure et ses prêtres prêchaient une morale élevée; la noblesse était intrépide et instruite, le peuple intelligent, laborieux et soumis ; l'industrie et l'agriculture très florissantes; des travaux d'irrigation merveilleusement entendus ; des routes larges et commodes, vraies voies romaines, étaient parcourues régulièrement par des courriers qui faisaient le service des postes.

A côté de ces développements matériels, les récits des Espagnols nous font constater un développement intellectuel et moral antérieur de beaucoup à l'époque où les Européens vinrent apporter au nouveau Monde ce que l'on est convenu d'appeler officiellement, les bienfaits de la civilisation chrétienne. Il y avait au Pérou un code de lois justes et protectrices. Les sciences et les arts étaient fort en honneur ; les docteurs (Amantas) enseignaient publiquement et ne permettaient aux jeunes gens de prendre le vêtement viril qu'après leur avoir fait subir des examens littéraires et religieux. Les emplois publics étaient donnés au concours.

Malheureusement le génie catholique dominait chez les conquérants espagnols, surtout commerçants ; leur fanatisme religieux leur fit détruire tout ce qui leur paraissait contraire à la religion qu'ils professaient. Tout objet d'art qui pouvait se fondre était impitoyablement détruit et lingoté.

O puissance civilisatrice ! Voila de tes merveilles. Un Pizaro, se croyant, de par son fanatisme religieux, de beaucoup supérieur à ces prétendus idolâtres, plus civilisés que lui, profane de sa main de soudard et les réduit en piastres, des œuvres d'art, que sans les Arabes, leurs maîtres ès arts, ces conquérants d'un monde n'auraient jamais imaginées.

Il ne reste pour étudier cette brillante étoile du Sud, la civilisation des Incas, que les villes immenses, les monuments imposants qui étonnent de leur majesté puissante et de la force intellectuelle créatrice qui a présidé à leur érection. Les chroniques espagnoles, falsifiées à plaisir par les missionnaires, ne sont, dans leurs appréciations, qu'un tissu d'absurdités fantaisistes. Ces braves pères, démontrent, selon eux, que cette religion si pure des Incas, ce respect si fervent de la famille, cet amour si profond de ses semblables, n'est que pure idolâtrie que le Christ est venu bien à temps pour détruire !

Si tous ces fanatiques religieux ont conscience dans l'au-delà du mal qu'ils ont commis, quelle souffrance doit être la leur. Comme leur peine doit être immense de voir que de villes florissantes ils ont fait des ruines, que de citoyens heureux, instruits ils ont fait des parias, presque des esclaves !

Cependant que de vie il y avait encore, que de sève dans ces populations intelligentes et laborieuses, soumises à des soudards ignorants, voleurs et fanatiques. Trois siècles d'oppression et de catholicisme, n'ont pu la détruire. Au contraire elle a conquis ses maîtres. Aujourd'hui encore, de Santiago del Estero à Quito, des côtes de l'Océan aux bords du Parana, la langue usuelle, celle dont on se sert entre amis et dans l'intérieur des familles, n'est pas la langue de Pizaro et de ses compagnons, mais bien celle d'Atahualpa et de ses sujets. Les coutumes patriarcales de ces provinces toutes créoles sont une critique amère de celles des envahisseurs espagnols.

La langue quichua aryenne agglutinante

Il reste à démontrer, au moyen des règles de la linguistique si magistralement établies par nos savants, que le quichua est réellement une langue et non un idiome sans forme et sans fixité.

Une langue qui a pu se prêter à tous les besoins et à tous les raffinements de la civilisation qu'à grands traits nous avons ébauchée, doit avoir toutes les ressources d'une langue complète.

Lorsqu'en parcourant les écrits des missionnaires jésuites, même avec leurs erreurs voulues, et les fragments qui nous restent de l'antique littérature du Pérou, on se trouve face à face avec cette langue si peu connue des savants européens, et qu'après une patiente étude on voit tomber un à un les voiles qui cachent les merveilles de son mécanisme, on est frappé d'étonnement et d'admiration. La manière dont sont déduites les formes grammaticales, un système de déclinaison et de conjugaison où tout est régulier, étonne et surprend. Dans le quichua, pour long que soit le mot, la racine principale y ressort toujours ; les suffixes qui l'accompagnent la font passer par les nuances du sentiment et de la pensée. Heureusement que la science moderne de la linguistique nous permet de suppléer aux traditions ; grâce à elle les mots interrogés rediront le passé ; ils révèleront les mœurs, le génie de la race que nous étudions.

Nous n'avons pas ici, comme dans l'Egypte ou dans l'Inde, une masse de monuments écrits et de documents qui nous permettent de re_ monter jusqu'à plus de cinquante siècles en arrière. Ce qui nous a été conservé du quichua, c'est la langue de la dernière heure, que parlent encore les Indiens, celle qu'écrivaient, aux siècles passés, les Jésuites, assez ignorants des règles de l'orthographe péruvienne et des lois phonétiques du langage.

Les mots se sont, comme à plaisir, défigurés sous la plume de leurs faiseurs de catéchisme. Il faut donc, avant toute chose, les rétablir autant que possible, rechercher leur signification véritable, ramener à leur cause les irrégularités, en un mot enlever la gangue répandue, par ces bons pères. Travaux longs et pénibles, mais qui, cependant, étaient nécessaires pour arriver à prouver le thème que nous soutenons : que le quichua est une langue aryenne, mais une langue aryenne qui a dû se séparer de la langue mère à une époque où cette langue ne se servait pas encore d'un système de flexion ; en deux mots, le quichua est une langue aryenne agglutinante.

Nous pouvons admettre qu'une langue dont toutes les racines indiquent l'aryenne, séparée par le hasard des migrations de ses sœurs asiatiques et européennes et confinée pendant des siècles au cœur de l'Amérique méridionale, se soit vue arrêtée dans sa période transitoire par un commencement de concentration politique et sociale et se trouve ainsi avoir, avec un fonds tout aryen, des accidents grammaticaux que l'on n'est accoutumé à rencontrer que dans les langues touraniennes.

Nous devons admettre que la loi du progrès est une et que la langue aryenne a eu ses commencements. Comme le disent fort bien MM. Bunsen, Bopp et Max Müller, « que la formation du sanscrit, tel qu'il nous est parvenu, a été précédée d'une période d'extrême simplicité et d'entière absence de flexions, laquelle nous est encore représenté par le Chinois et les autres langues monosyllabiques, et qu'il est absolument impossible qu'il en ait été autrement. »

Quelques auteurs nient la haute antiquité du quichua, prétendant que cette langue a été introduite au Pérou par les Incas. Il est facile de démontrer cette erreur, qui, du reste, n'infirmerait en rien notre opinion que le quichua est une langue aryenne. Les preuves abondent : Les noms des monarques Pirhuas sont quichuas, purement allégoriques, la plupart sont des surnoms imposés à la suite d'événements importants ou de quelque grande réforme. Les noms des villes primitives, ruines déjà célèbres du temps des Incas, sont quichuas. On argue que les conquérants incas, en imposant, comme dominateurs, leur langue, ont traduit forcément les légendes de leurs prédécesseurs. Quand on étudie l'esprit dominateur de cette caste, les efforts qu'ils faisaient pour détruire ou fausser la mémoire des dynasties primitives, il est facile de détruire cette supposition. Les Incas, loin de chercher à garder la mémoire des dynasties primitives, s'efforçaient, au contraire, de la détruire. La suppression de l'écriture en est une preuve. Tout ce qu'ils ont pu fausser, ils l'ont fait ; on considérait officiellement Sinchi-Roka comme le fondateur de l'empire, supprimant toute une série de rois qu' avait rendu possible la formation de la puissance péruvienne. En laissant dans la langue supprimée les noms des premiers dominateurs, ils auraient bien plus facilement atteint leur but, puisque personne n'aurait compris l'étymologie du nom. La volonté des princes ne peut détruire ni les traditions conservées dans l'esprit du peuple, ni les ruines des races antérieures. Ces ruines existent encore aujourd'hui, et prouvent la haute antiquité et le degré de civilisation de leurs constaucteurs. Maintenant encore, tout indigène comprendra les noms des monarques Titu-Kapak-Amauri, de Huaman-Tako-Amanta, et des villes Tiahuanaco, Canchachimu, etc. Ne faut-il pas en conclure que le quichua était la langue nationale de ces vieux monarques et de leurs peuples.

LINGUISTIQUE

Nous supplions nos lecteurs de nous pardonner l'aridité des détails, mais comme une opinion, pour affirmative qu'elle soit, n'est jamais une preuve suffisante, nous tenons à la faire complète, ils nous pardonneront la longueur de cette étude, inutile pour beaucoup certainement, mais nous devons supposer que tous ne sont pas au courant des règles de la linguistique.

L'étude des racines de la langue quichua, au point de vue aryen, présente de sérieuses difficultés. La destruction de toute la littérature antique et principalement des chants religieux où les ancêtres de la race péruvienne avaient déposé leur tradition, a fait disparaître la forme première du langage. Nous en sommes réduits aux transcriptions et à l'orthographe que les Espagnols imposèrent, orthographe variable selon le caprice ou l'oreille plus ou moins délicate de l'homme qui recueille et transcrit les mots.

Il ne faut pas oublier que personne, jusqu'à présent, n'a pu déchiffrer les quipus, seule écriture, probablement sacerdotale, du peuple inca au moment de la conquête. Les quipus sont la réunion de cordelettes de laine de différentes grosseurs et couleurs avec des nœuds plus ou moins espacés et de couleurs différentes. Selon la tradition, l'écriture au moyen de caractères aurait été supprimée par un roi de race sacerdotale qui aurait substitué l'écriture secrète des temples à l'écriture publique. Selon Lachatre, les Chinois possédaient aussi cette façon d'écrire au moyen de quipus.

L'alphabet quichua, établi par les auteurs des XVIe et XVIIe siècles, est formé de 23 sons :

Cinq voyelles : A, E, I, O, U.

Et dix-huit consonnes : C, CC, KH, CH, H ou G, LL, M, N, N, P, PP, Q, R, S, T, ZH, TT, Y.

C'est au moyen de cet alphabet que sont imprimés les livres et catéchismes. Les moines et les prêtres, qui, seuls, savaient écrire le quichua, n'étaient pas fort exigeants en matière de sons et se contentaient de cet alphabet fort imparfait. M. Tschudi et le père Honorio Mossi reconnaissent que ces moyens ne sont pas suffisants pour rendre exactement la gamme de sons que possède la langue du Pérou.

Nous nous bornerons à représenter par un seul signe toutes les nuances de prononciation que peut prendre une même lettre. Nous nous servirons d'un alphabet composé, outre les cinq voyelles, de quinze consonnes ainsi réparties :

	Douces	Fortes	Nasales
Trois gutturales :	K	K'	N
Deux palatales :	Y	CH	»

Trois dentales :	T	T'	N·
Trois labiales :	P	P'	M
Deux sémivoyelles :	R	LL	
Une sifflante ;	S		
Une aspirée :	H		

Cet alphabet nous permettra de rendre compte de toutes les mutations de lettres et de toutes les altérations de sons qui ont fait de la langue aryaque primitive la langue dont se servent encore aujourd'hui les habitants du Pérou et de l'Argentine.

DES VOYELLES :

On peut réduire à trois, A, I, U, le nombre des voyelles du quichua ; les deux autres voyelles que les Espagnols ont admises, E, O, doivent être considérées comme inorganiques. Dans les langues aryennes, E et O brefs ne sont pas des lettres primitives ; elles manquaient au sanscrit, comme le prouve la constitution de l'alphabet dévanagari. Si les Hindous les avaient connues, leur alphabet, qui reproduit jusqu'aux plus légères nuances du son, n'aurait pas manqué de les noter et de leur affecter un signe spécial. E et O en quichua sont de simples modifications de sons. Comme le remarque M. Tschudi, les Indiens prononcent fort souvent à la façon de l'E, l'I médial ou initial ; ils disent indifféremment Quechua et Quichua, K'iPI et K'ePI. Quant à l'O, le petit nombre de mots où il se rencontre sont de simples variantes de mots écrits d'ordinaire avec un U : uRKo, le petit d'un animal, ou oRKu.

Au commencement et au milieu des mots. l'A quichua sonne fort et plein; à la fin, il sonne bref et parfois est peu distinct. Il correspond a l'A bref et long du sanscrit : HAMU, aller, est l'équivalent du sanscrit GAM. Les Quichuas donnent à l'I au commencement et au milieu des mots le son de l'E. C'est seulement comme lettre finale que l'I se prononce plein et ouvert. L'U au commencement des mots devient I et E, se prononce à peu près comme le V latin. Ueke, larme, prononcez Veke; Uiska, le ventre, Viska.

En général, la voyelle qui se trouve en sanscrit ou dans les idiomes congénères est la voyelle conservée en quichua :

Sanscrit	Quichua
Gam, aller.	Hamu.
R et Ri, aller.	Ri.
Gô, bœuf, vache.	Ku, quadrupède.
Ang' (grec ἄχω), souffrir.	Anchi, pleurer, gémir.
Sira, serpent.	Sira-Stra, reptile.
Sik'a, rayon de lumière.	Siki, Seke, rayon de lumière.
Agnos, Agios, saint, sacré.	Akna, cérémonies religieuses.

Quelquefois l'A des mots aryens s'affaiblit en I et en U, ou bien l'I et l'U aryens se transforment en A quichua.

Sing', sentir.	Senka, nez ; Sanka, nasillard.
Aç, couper ; Açi, épée.	
Sik'a, crête.	Iki, couper.
Çula, aiguille.	Sukuma, crête.
	Sira, aiguille, coudre.

Le même phénomène se produit fréquemment dans les autres langues ariennes. Le grec remplace plus volontiers l'A sanscrit par E ou O que par un A. Le sanscrit DAD'AMI, je place, devient τίθημι, DADAMI, je donne, δίδωμι. De même, en latin, l'O est un remplaçant ordinaire de l'A sanscrit : Sororem, sanscrit Svasaram, Gnotus, connu, en sanscrit I'natas.

Selon Bopp, le zend et le gothique nous offrent des exemples nombreux de mutations analogues.

DES CONSONNES EN QUICHUA

Si l'on compare cet alphabet à l'alphabet devanagari, l'on sera frappé de ce que des classes entières font défaut en quichua. Il n'a pas les cérébrales, ni les consonnes molles G, D, B, ni leurs aspirées G', D', B', ni les semivoyelles I et V, ni les sifflantes Ç et S' ; cela n'a rien d'étrange puisque le même phénomène se produit dans les langues into-européennes.

Aucun mot de pur quichua ne commence par une consonne double ; partout où l'on rencontre dans le cœur d'un mot quichua deux consonnes, il faut les séparer et rattacher la première à la syllabe qui finit, la seconde à la syllabe qui commence. Le zend répugne aussi ce rapprochement de consonne et sépare les consonnes par la voyelle E. Ainsi DADARS'A, je vis, en sanscrit, devient DADARES'A. PRT'US, large, PERET'US.

On rencontre dans les grammairiens espagnols du xvii⁰ siècle certaines formes qui semblent constituer une exception à cette règle. Il n'en est rien, cela provient de la rapidité de la prononciation de la première syllabe redoublée, ainsi PPACHA est réellement PAPACHA, la première syllabe très brève. Au lieu d'être une exception, c'est un procédé de composition particulier au quichua et en général aux langues agglutinantes. Pour exprimer la pluralité ou pour renforcer l'idée exprimée, le quichua double le radical, Ainsi :

De TIU, sable, il fait TIU-TIU, désert de sable.

   HACHA, arbre » HACHA-HACHA, forêt.

   RUNA, homme » RUNA-RUNA, le peuple.

Dans la série des mots qui nous occupe, ce n'est pas le mot entier que l'on redouble, mais la première syllabe. Le sens du mot ainsi modifié devient plus fort : ainsi : KARI, brave, KAKARI, brave par excellence.

DES GUTTURALES ET DES PALATALES

Gutturales K, K' et N. — Le K se prononce comme le K des langues germaniques ou le C dur des novolatines, le K' comme le CH dur des Allemands. La nazale N a le son du GN français dans *montagne* ou de la N espagnole dans *senor*. Elle paraît correspondre le plus souvent à l'N simple des racines aériennes.

Palatales Y, CH. — La lettre Y des grammairiens quichuas a deux sons : l'un analogue au son de l'Y espagnol ou du J français ; l'autre fort semblable au son du CH français dans LACHE.

Quant à l'autre palatale CH, elle a le son du C italien devant E et I et les quichuas le prononcent excessivement fort.

Le K quichua remplace en général le K sanscrit, de même son aspirée K'.

Quichua	Sanscrit
KAK'A, sommet de montagne.	KAKU-DA, même sens.
KILLI, tissu, étoffe.	KÊL, coudre, lier.
KATI-NI, je suis.	KAT, aller, marcher.
KUTA-NI, je mous.	KUT, briser, broyer.

Les palatales quichuas Y et CH correspondent en général aux palatales sanscrites C', J' :

CHAKRA, ferme	C'AKRA, cercle, province
HACHA, arbre	GAC'C'A, arbre
CHALLU-NI, je répands de l'eau	C'AL, submerger

Il arrive que le CH quichua correspond à la gutturale K et à son aspirée K'.

CHAMA-NI, je jouis	KAMA, amour
CHACHUA-NI, je ris	K'AK', rire

ou bien à la lettre J' du sanscrit :

KACH-KU-NI, je suis heureux	KAJ', être heureux
CHANKA, jambe	J'ANG'A, jambe

Le Y quichua correspond à la semivoyelle Y :

YUK, unir	YUJ', unir, joindre
YU-RI, naître	YU, accoupler

Souvent les palatales sanscrites ont pour équivalent en quichua, les gutturales K et K'.

KARU, voyageur	C'AR, aller, errer
KAKAMU-NI, je mange	C'AM, manger
KATA, couvrir	C'AD, couvrir

DENTALES T ET T'

Le T se prononce comme le T de toutes les

langues européennes le T' comme le TH doux des anglais..

Le T quichua correspond au T sanscrit de même l'aspirée T' :

Quichua	Sanscrit
Tupani, écraser	Tup, frapper
Tuta, nuit	Tutt', couvrir, cacher
Tayta, père	Tata, père
Tapa, splendeur	Tap, brûler.

La nasale N répond soit à la nasale dentale N soit à la nasale cérébrale N du sanscrit :

Naka, tuer	Naç et nakk, tuer
Nak-cha, ongle	Nak'a, ongle

Les labiales : P, P', M.

Les deux labiales P et P' correspondent aux quatre labiales du sanscrit :

Quichua	Sanscrit
Pana, main	Pani, main
Panta-ni, je voyage	Pat, aller, marcher
Puki, potage	Paç, cuire

M a le même son que dans les autres langues aryennes :

Quichua	Sanscrit
Maki, la main	Ma, mesurer
Mita, la mesure	Mi-ta, mesure
Mama, mère .	Ma-tr, mère

Les semivoyelles R et LL

Les correspondants indo-européens des semivoyelles quichuas sont les semivoyelles de même nature R, L, et les voyelles propres au sanscrit, r et r', l et l' :

Sanscrit	Quichua
Plu, couler	Pillu, naviguer
Çira, tête, chef	Karan, chef
C'ar, aller	Karu, voyageur
R, aller	Ri, aller

Le quichua ne possède pas la semivoyelle V il la remplace par la syllabe Hu.

Les Grecs usaient du même artifice pour transporter dans leur langue les noms latins qui commençaient par V :

| Valerius | Oualéros |
| Varus | Ouaros |

La sifflante S et l'aspirée H.

La sifflante se prononce généralement fort dure et fort brève. L'aspirée H remplace les gutturales aryennes.

DE LA COMPOSITION DES MOTS

Si nous prenons un mot quelconque et que nous essayons de le décomposer, nous trouvons généralement en lui trois parties

Une forme fondamentale, qui traduit d'une façon abstraite l'idée générale. Choisissons

Hamuni, je viens ; la forme fondamentale est Ham, qui par lui même ne signifie que l'idée de *venir*. C'est cette partie que l'on appelle la racine. Après la racine, nous trouvons une seconde partie composée d'une ou plusieurs syllabes qui s'accolent au mot primitif et déterminent le thème.

Dans Hamuni la deuxième partie est réduite à une seule lettre U. La racine étant Ham le thème est Hamu. Ham exprimait l'idée générale de *venir*, Hamu exprime l'idée concrète *de venue*. La troisième partie consiste en une ou plusieurs syllabes qui s'agglutinent à la suite du thême et servent à marquer les rapports entre eux, les relations de temps, d'espace et de cause. La syllabe Ni, jointe au radical Hamu indique le rapport et se traduit par *je viens*.

DES RACINES EN GÉNÉRAL

Toute racine primitive est nécessairement monosyllabique. En sanscrit, par exemple, les mots J'agar, J'agr, que les grammairiens regardent comme des racines contiennent en réalité un redoublement. De même en quichua, partout où la racine semble renfermer plus d'une syllabe, on trouve, comme équivalent, dans les langues aryennes une racine monosyllabique. Néanmoins comme tout en étant monosyllabiques les racines peuvent être plus ou moins complexes, on les a divisées en trois classes : les primaires, les secondaires et les tertiaires.

Les primaires se composent :

1° d'une voyelle : I, sanscrit, aller ; le quichua ne possède pas de racines de ce genre au moins à l'état libre.

2° D'une voyelle et d'une consonne ou d'une consonne et d'une voyelle, le quichua n'a de racines pures que de cette dernière classe :

Sanscrit	Quichua
Ri, aller,	Ri, aller
Na, chant, parole	Ni, parler.

Les racines secondaires se composent d'une voyelle intercalée entre deux consonnes. Elles peuvent se rattacher à une racine primaire formée soit d'une voyelle et d'une consonne, soit d'une consonne et d'une voyelle. Dans ce cas la consonne additionnelle est sujette à changement et marque les différentes nuances que peut subir la racine primaire. En sanscrit, les racines primaires KA et TU donneront :

Racine KA, aller	Racine TU
Ka-k, marcher en vacillant	Tu-d, frapper
Ka-g, aller, faire	Tu-j', déchirer
Ka-t, entourer	Tu-k, blesser
Ka-nt, croître, piquer	Tu-s', battre

De même en quichua, une racine primaire,

affectée de diverses consonnes sert à former des racines secondes. Prenant les racines quichuas qui sont analogues aux formes sanscrites tirées de KA, aller :

KA, aller

Kɪ-ʀ[ᴀ] bourgeon   Thème   Kᴀ-ʀ aller en pointe
Kᴀ-ʀ[ᴀɴ] chef   »   Kᴀ-ʀ marcher le premier
Kᴀ-ᴄʜ[ɪ] Sel   »   Kᴀ-ᴄʜ piquer

Les racines tertiaires se composent en sanscrit :

1° De deux consonnes précédées d'une voyelle ou réciproquement : ARD brûler, PLU couler ; le quichua n'a pas de racines de ce genre ;

2° De deux consonnes une voyelle, ou réciproquement : sanscrit, SPAS, voir, SKAND, monter ; quichua, KENCH, se mettre en colère ; KENK, haïr.

On peut affirmer que, dans le quichua comme dans le sanscrit et dans les autres langues aryennes, il n'y a de racines véritables et irréductibles que les racines formées d'une ou deux lettres, auxquelles toutes les autres racines secondaires et tertiaires peuvent et doivent nécessairement être rapportées.

  Exᴀᴍᴇɴ ᴅᴇ ǫᴜᴇʟǫᴜᴇs ʀᴀᴄɪɴᴇs.

Pour montrer l'analogie qui existe entre les langues aryenne et quichua, nous prendrons quelques groupes de mots pour les rapprocher de leurs racines et de leurs équivalents aryens.

Racine Kr.

En sanscrit cette racine Kr et ses formes diverses, Kar Kar, servent à désigner l'action dans son sens le plus étendu, de là Kara acte, action guerrière, etc.

En quichua, le K aryaque a subi le redoublement et devient K^{a}K, de plus la voyelle aryenne R a pris tantôt le son dur R, tantôt le son plus mou LL. De là deux classes de mots parallèles désignant l'action et distinguées par la présence des lettres R et LL.

Sanscrit	Quichua
Kara, action guerrière	K^{a}kari, guerrier
Karu, soldat	K^{a}karu, dévaster
	K^{a}kallu, actif

Racines, va ve vas.

Le sanscrit possède une racine VA qui seule ou adjointe à différentes lettres la transforment de racine primaire en racines secondaires. VA veut dire *souffler* à ce radical se rattache le grec αω αvω, souffler; αηρ, αυρα, souffle; sous la forme VE, UI, il signifie *tisser, lier*; sous la forme VAS, *habituer*, et aussi *pouvoir, supporter*. La même racine se trouve en quichua avec une égale variété de formes et de significations ; au type VA *souffler* se rattachent les mots quichuas Huaria, *air, souffle*, grec αυρα, latin *aura* et le mot Huayu, exposé à l'air, sanscrit Vayu, air.

Au type VÊ, UI, *tisser* sont analogues, les formes HUATA, lier, prendre; HUASKA, la corde, ce qui lie, et au figuré HUATA, l'année, liaison des jours; puis avec un A augmentatif AHUA, AHUASKA étoffe. De cette racine VA vient la particule HUA qui se joint à tous les noms de tissus.

De VAS, habiter, vient HUASI, maison et de VAS, pouvoir, HUASA, le dos.

Dans tous ces exemples le V aryen s'est changé en HU quichua comme nous l'avons démontré plus haut.

L'ensemble de ces racines présente un tableau satifaisant et pourrait à lui seul prouver la parenté des langues indo-européennes et du quichua. Nous pourrions nous étendre davantage et passer en revue les formes grammaticales, le nom, le prénom, le verbe, etc. Nous avons un dictionnaire de la langue quichua avec ses équivalents et racines sanscrites, il résulte que plus d'un quatre vingts pour cent des mots quichuas soit en tant que mots complets soit en prenant les racines, ont une origine aryenne.

Notre but n'est pas de faire de la linguiste, mais de nous aider de la linguistique pour prouver notre thèse.

Nous croyons avoir démontré que le quichua est bien de l'aryen, mais de l'aryen à la période agglutinante, point très important à retenir, doute plusieurs milliers de siècles, nous rapprochera de l'époque probable de l'existence de terres entre le continent américain et le vieux monde.

Péru, comme nous le savons en sanscrit, veut dire Orient, brillant ; pour aller de l'Inde ou des hauts plateaux de l'Asie à l'Orient, il faut traverser la partie qu'actuellement on nomme l'Océanie. Par sa configuration elle représente bien un continent effondré ; les îles actuelles étaient certainement des montagnes ou des chaînes de montagnes ; cette supposition n'a rien d'extraordinaire, connaissant les sondages qui ont été faits dans toute cette partie de l'Océan.

L'Australie, ce pays étrange, si différent en ses productions et sa faune des autres contrées, sous des latitudes égales, pourquoi ne serait-elle pas un reste plus complet de ce continent détruit, que ces amas d'îles océaniques ?

On peut fort bien supposer que ce continent sud, l'Atlantide, ou peut-être remontant plus loin, la Lemurie, ait été habité par les races aryennes mères, à une époque où leur langue était seulement à l'état agglutinant. Alors la colonisation du Pérou (Péru-Orient) par les Aryens trouve son explication, sans se heurter aux difficultés d'un voyage par mer, impossible avec leurs moyens de navigation.

La théorie du déplacement de la terre sur son

axe viendrait aussi nous aider à démontrer la possibilité de notre affirmation de l'existence d'un continent entre l'Asie et l'Amérique actuelles et par là, le chemin facile aux colonies aryennes d'arriver au Pérou.

CHRONOLOGIE

La chronologie mythologique et historique nous aidera à étudier la religion dans ses différentes manifestations de progrès, selon l'époque à laquelle la chronologie nous conduira.

Dans les histoires des peuples il y a les origines. C'est là généralement un des points obscurs de la tradition.

On ne doit pas oublier que les anciens étudiaient bien plus l'humanité ou la généralité d'un peuple que les personnalités, malgré l'importance que ces dernières pouvaient avoir. Ils appliquaient généralement à un seul individu tous les progrès d'une race ou d'une nation, produits d'une période de temps souvent très importante.

Remplies d'erreurs sont les relations des écrivains espagnols de la conquête, lesquels, par leur croyance religieuse, se trouvaient enfermés dans un cercle de milliers de siècles inférieur à la réalité.

Etrange et mensongère leur a paru une chronologie qui remontait à quelques milliers d'années avant le déluge universel de leur histoire religieuse.

Quand aux auteurs monernes, si quelques-uns ont entrevu la vérité, elle a toujours été obscurcie par le désir *trop scientifique* de ramener tous les événements historiques à des idées préconçues : étudier les religions selon la règle adoptée officiellement, avec ses classifications, fausses trop souvent, et de voir partout, comme point essentiel, le mythe solaire ou lunaire. S'il est vrai que dans les cosmogonies et chronologies on voit figurer le soleil et la lune, il faut en rechercher l'origine, non dans l'idée religieuse proprement dite, mais dans le système employé pour régler l'année. Chez les peuples agriculteurs, la date des saisons est d'une importance capitale. La difficulté qu'il y avait, selon le système en usage à faire concorder les mois lunaires faciles à compter et visibles, avec l'année solaire, qui réellement préside aux saisons, a été une cause primordiale de luttes et d'antagonismes.

Rien d'étonnant alors à l'importance que les cosmogonies et mythologies attribuent à ces deux astres, et de leur antagonisme réel en tirer un antagonisme métaphysique.

Les révolutions du Pérou comme celles de l'Egypte et d'autres pays agriculteurs d'une haute antiquité reconnue, n'ont en général d'autre facteur que les luttes des lunaires et des solaires. Ces révolutions se produisaient généralement quand le calendrier ne coïncidait plus avec les saisons, soit par des erreurs de calculs des prêtres astronomes, soit parce que ces mêmes prêtres astronomes étaient mécontents des princes régnants ou poussés par leur ambition personnelle. En indiquant dans le calendrier annuel, une époque, en apparence, en relation avec les mois lunaires, mais en contradiction réelle avec le soleil, ils pouvaient très facilement produire une famine, cause naturelle de troubles. Les prêtres fixaient l'époque de la célébration des fêtes correspondant à chaque saison. Ils avaient, pour donner plus de force à leur pouvoir, établi les époques agricoles sur des bases religieuses. Le paysan égyptien, comme le paysan quichua des temps anciens, n'en demandait pas davantage, attaché qu'il était au sol et à sa production. Il savait bien que pour lui tout dépendait de la récolte plus ou moins productive pour faire face, d'abord aux exigences de l'état et de celles de la famille ensuite.

La linguistique nous aidera à découvrir la vérité, en décomposant les noms des fondateurs, selon l'histoire moderne, des religions lunaire et solaire, des habitants du Pérou et du nord de l'Argentina.

Afin d'établir d'une façon certaine la chronologie, il est de toute nécessité de connaître les moyens qu'employaient les savants de ces époques, pour calculer le cours de la lune, du soleil et des astres et par contre la fixation des saisons.

L'étude de l'astronomie et surtout de leur Zodiaque nous donnera la clef de cette question.

Difficile est la tâche. Le fanatisme religieux des conquérants espagnols a détruit à peu près tout ce que leur ignorance ne comprenait pas et ce qui leur paraissait contraire à la foi religieuse qu'ils professaient.

Nous devons au Père Acosta la conservation d'une nomenclature tronquée des principales étoiles, conservée par lui, non au point de vue scientifique, mais pour prouver, selon lui « les préjugés absurdes qu'entretenaient les idolâtres ».

Malgré cette difficulté, cette seule liste nous servira à évoquer la forme complète du Zodiaque péruvien et de prouver que ses constellations, leurs noms et les conceptions religieuses dont elles ont été l'objet, se retrouvent dans le Zodiaque oriental que les peuples modernes ont reçu.

LE ZODIAQUE

Il faut avant tout tenir compte de la position respective des hémisphères et se rappeler que la place des constellations sur le Zodiaque que nous étudions doit être déterminée par un renversement des positions du Zodiaque hellénique.

Il est nécessaire de fixer la relation dans laquelle se trouve ce dernier Zodiaque avec l'année australe.

Comme point de départ, nous prendrons les deux points extrêmes entre lesquels le soleil oscille durant sa course apparente annuelle. Les tropiques sont, dans le Zodiaque classique, indiqués par les signes du Capricorne et du Cancer ; l'un qui embrasse les trois mois glacés de l'année, de décembre à mars, l'autre les trois mois brûlants, de juin à septembre.

Si nous changeons d'hémisphère, la relation entre les saisons et les angles que chacune d'elles décrit sur l'ellipse, s'intervertit. L'été classique répond à l'hiver sud américain et l'été sud américain à l'hiver classique. Si donc les anciens Péruviens ont apporté avec eux, comme nous voulons le prouver, des plateaux de l'Asie boréale, le même Zodiaque que les Grecs reçurent plus tard des tribus aryennes, ils durent, afin d'adapter leur année primitive à l'année de leur nouvelle patrie, renverser les désignations en usage, et placer l'été au signe du Capricorne, de décembre à mars, l'hiver au signe du Cancer, de juin à septembre.

En effet, le ciel péruvien, au tropique d'été, nous présente le Cerf-Cornu et la couleuvre au tropique d'hiver. Pour prouver que cela se faisait en connaissance de cause, ces races primitives unirent aux noms des animaux que la tradition leur imposait, des épithètes caractéristiques. Au nom du signe de l'été, elles ajoutèrent le mot ardent, brûlant et dirent Topa-Tarukka, *le Cornu, le Cerf ardent*. Le signe d'hiver fut Machak-Huay, *la couleuvre inerte, endormie, ivre*.

Tarukka, cerf, en quichua, est formé de deux racines aryennes : Tara, cheval ; Hukk, cornu, élevé. Soit que les Péruviens ne connussent pas la chèvre, soit qu'elle ait été confondue avec son congénère le cerf, le nom fut substitué ; l'important était que l'animal eût des cornes. Topa-Tarukka désignait primitivement le solstice d'hiver et présidait chez les nations de l'hémisphère boréal, au mois de décembre-janvier. Après leur émigration, les Péruviens conservèrent les contours du mythe mais durent le modifier par un adjectif qui, en conservant le sens primitif, indiquât les changements survenus dans la constatation du phénomène : de là Topa, ardent, brûlant, correspondant aux ardeurs solaires de la saison d'été à laquelle préside le capricorne ardent Topa-Tarukka.

Etudions maintenant le signe de l'autre solstice Machac-huay, Macha, en quichua, signifie *ivresse, torpeur, retour en arrière*. Machak huay, cancre, *serpent, couleuvre,* à cause sans doute de l'analogie que présente la démarche de ces reptiles avec la marche incertaine des ivrognes ; par suite appliquée au mouvement apparent des astres, la racine Macha nous fournit l'équivalent du mythe classique du Cancer. Le nom quichua désigne une étoile ou un groupe d'étoiles qui symbolise l'inertie, le sommeil de la nature ou l'hiver.

Il est facile de comprendre l'identité du Capricorne et Cancer du zodiaque hellénique avec Topa-tarukka et Machak-huay du zodiaque péruvien ; nous allons fixer les deux points équinoxiaux avant de passer aux points intermédiaires.

Mirku kokoyllur, veut dire exactement les *étoiles jointes, astres unis.* Entre ce mythe et le mythe des Gémeaux, par lequel les peuples d'Asie marquèrent l'époque du commencement de l'automne boréale, il n'existe aucune différence, c'est en outre la même idée de l'égalité et des nuits. Il résulte d'études sérieusement faites que ce signe, dans le zodiaque égypto-chaldéen, présidait au mois de septembre-octobre, c'est-à-dire à l'équinoxe austral. (Bordier, *Antiquités des races*).

Cakkana. — Dans le zodiaque aryen l'équinoxe de l'ascension boréale se trouve symbolisée par la Balance ; représentation bien exacte de l'équilibre des jours et des nuits jusqu'au moment ou le soleil continue son mouvement ascensionnel. Si nous nous transportons à l'hémisphère austral qu'habitent les Péruviens, ce qui était *ascension* pour les aryens, devenait *descente* pour les habitants du Pérou, car le printemps des uns est l'automne des autres.

Au signe de la Balance qui monte il fallait un signe de déclin l'*Echelle*, tel est le sens du mot Chakkana, par lequel les quichuas désignaient les étoiles équinoxiales du ciel boréal. Chakkana, dans sa forme simple désigne tout croisement de lignes, tout équilibre, et même l'idée de balance.

Déterminés les quatre points cardinaux, il nous faut fixer les points intermédiaires et voir si nous trouverons toujours la même similitude entre le zadiaque péruvien et le zodiaque classique.

♌ Le Lion. — Le nom quichua est Chukin-chinka-chay, littéralement : *retour de la lance du lion caché ou rampant*. Chinka répond au sanscrit Sin'ha, le nom du zodiaque. A cette époque de l'année australe le soleil lance ses dards ou rayons au sud, de là l'idée de caché pour prouver le renversement du symbole, puisque dans le zodiaque hellénique le soleil lance ses rayons au nord.

♍ -Mama-hana, *Mère divine*;

La constellation qui vient après le Lion est la Vierge, Cérès, la mère, la fécondante, donc complète identité.

♏ *Scorpion*, Huakra-onkoy, en sanscrit Vrc'a, même signification.

Il nous manque dans la nomenclature du Père Acosta la constellation qui répondrait au Sagittaire.

♑ *Capricorne* Topa-tarukka déjà étudié.

♒, *Verseau*. Miki-kiktray, qui traduit donne *moment, époque des eaux*, tous comme le symbole du verseau.

En effet la fonte des neiges dans les montagnes produit des crues considérables.

Les poissons manquent comme le Sagittaire.

♈ *Belier*, Kakatu-chillay, *splendeur de l'agneau*,

♉ *Taureau*, Urru-chillay, *Le mâle puissant, brillant, enflammé*, représentant bien l'idée de génération en rapport avec le renversement des saisons.

♋ *Le Cancer*, a été étudié.

Nous pouvons conclure que le zodiaque Quichua est identique au zodiaque Aryen, en tenant compte, bien entendu, de l'interpolation des saisons.

Le père Acosta nous apprend encore que le zodiaque se trouvait tracé sur les monuments de l'antiquité péruvienne, nous transcrivons textuellement :

« Pour faire leur conte de l'an seur et certain, « les Amautas usoient de cette industrie, que aux « montagnes qui estoient au tour de la cité de « Cuzco, (ou se tenoit la cour des Rois Inguas et « le plus grand Sanctuaire des roiaumes, comme « si nous disions une autre Rome) il y avoit « douze coulomnes, assises par ordre, en telle « distance l'une de l'autre, que chasque mois, une « de ces coulomnes marquoit le lever et coucher « du soleil. Ils les appeloient Succanga, et par le « moien d'icelles ils enseignoient et annonçoient « les festes et les saisons propres à semer à « recueillir et à faire autres choses. Ils faisoient « de certains sacrifices à ces pilliers du Soleil, sui- « vant leur superstition. Chaque mois avoit son « nom propre et ses festes particulières. »

Le terme de Sukanga, renferme l'élément principal du nom grec du zodiaque. Sv répond à ξω abrégé de ξωον, animal vivant. Le quichua a substitué à la terminaison diminutive ξωδιον une racine significative Kanga, qui veut dire éclatant, lumineux. L'on ne serait trop regretter qu'un écrivain commme le père Acosta n'ait pas compris toute l'importance du mécanisme ingénieux dont usaient les Amautas pour leurs travaux scientifiques. Il pensa que cet appareil leur servait uniquement à établir le compte des mois et à marquer les point solsticiaux. Il ne vit pas que cette opération exigeait que l'on calculât le mouvement général des astres par rapport au lever et au coucher du soleil sur l'horizon et même les divergences qui se produisaient dans chacun de leurs orbites. Grâce à leur invention les Amautas pouvaient noter en même temps les progrès du mouvement qui emporte dans l'espace la sphère universelle par rapport au soleil et la marche du soleil par rapport à la terre. Chargés de fixer les jours de fêtes et de régler les travaux agricoles, ils devaient calculer longtemps à l'avance l'année et l'époque des saisons pour empêcher qu'il ne se produisit dans les évènement de la vie sociale quelque perturbation qui les mit en désaccord, avec les phénomènes de la nature. Leur appareil, avait en un mot, la même utilité pour le public qu'ont aujourd'hui nos calendriers, et sa construction suppose une connaissance profonde de la science astronomique.

Dans l'Inde antique, comme de nos jours, ce sont les Purohitas, sarcidotes astronomes, qui publient le calendrier Pantchagam. Chez les Péruviens, de même que chez les Egyptiens et les peuples agricoles de l'Asie, les travaux de la terre étaient toujours subordonnés à certaines cérémonies du culte public. On ne pouvait les commencer avant les époques désignées par les prêtres, qui seuls étaient assez instruits pour déterminer les instants favorables et pour indiquer l'ordre ou la date des fêtes. Le calendrier était la véritable base économique des états primitifs.

La citation suivante du même jésuite Acosta, « Les Péruviens attribuoient à diverses estoilles « divers offices et ceux qui avoient besoing de « leur faveur les adoroient comme les pasteurs « adoroient et sacrifioient à une estoille qu'ils « appellent Tyra & », pourrait faire supposer que les Amautas connaissaient la précession des équinoxes.

Urkku-Kikillay, identique suivant Acosta au Tyra ou Sirius des modernes, veut dire *la Montagne de fer, le point ferme*. Le phénomène de la précession des équinoxes commença à se noter par une déviation du point équinoxial que les Égyptiens avaient fixé à l'étoile Sirius dès l'époque de Thoth. Cet astre était l'appui, le point ferme des cieux.

Quelques érudits soutiennent aujourd'hui que les peuples du Nil connaissaient ce phénomène ; les mêmes raisons qu'ils allèguent en faveur des Égyptiens peuvent servir à prouver que les Quichuas l'avaient également observé. Les Amantas avaient constaté l'année sidérale, ils savaient la distinguer de l'année tropique et de l'année anomale et possédaient par suite toutes les données nécessaires à la résolution du problème.

CYCLES ASTRONOMIQUES ET CHRONOLOGIQUES

Le texte des traditions indigènes que nous transmirent Acosta et Montesinos, démontre que le soin de calculer les temps par le mouvement des astres était remis aux Amautas, prêtres astronomes, bien avant Inti-Kapak, 5ᵉ monarque Pirhua qui régnait dans le XVᵉ siècle avant J.-C., plus de 2500 ans avant l'élévation de la dynastie inca. « Inti-Kapak rétablit « ainsi le calcul des temps qui commençait à se « perdre ; il établit l'année solaire de 365 jours « et 6 heures et répartit les années en cycles de « 100, 1000 ans et année du soleil. C'est au « moyen de ces cycles qu'ils ont conservé la « chronologie de leurs rois. » Un décret de cette nature sur l'année civile et sur la chronologie historique suppose dans la vie d'un peuple un long passé de progrès.

Cette réforme qui assignait à l'année 365 jours 6 heures, temps que met le soleil à revenir au point solsticial, nous indique qu'une autre méthode existait auparavant. Il n'y a que deux méthodes, la lunaire, la première, visible à tous les yeux et la solaire. La réforme indiquée a été la suppression de la période lunaire, cause d'erreurs, malgré le cycle établi de 60 années et les fêtes pendant les épagomènes. Ce cycle de 60 ans est typique chez tous les peuples dont le comput astronomique répondait à l'année lunaire.

Malgré leur grande science astronomique, les Amantas avaient négligé les fractions de minutes, qui, après une période certainement longue, amenèrent de nouvelles difficultés. Les périodes officielles des saisons ne correspondaient plus à la réalité. Les Amautas profitèrent de cette différence, exagérée sans aucun doute par eux, et des résultats qui pouvaient en résulter, famine et peste, disent les historiens, pour chercher à s'emparer du pouvoir ou pour se défaire d'un monarque qui les gênait. De là une révolution contre le pouvoir. Ils furent vaincus et Titu-Yupanki, homme énergique et sans doute fort savant, après avoir, avec son collège d'astronomes restés fidèles, rétabli l'ordre des saisons par rapport au soleil, pensa trancher la question et éviter dans l'avenir ces révolutions sacerdotales en s'emparant, pour le souverain, du droit d'indiquer le commencement des saisons et de fixer l'époque des fêtes.

A peine deux générations après cette réforme, les Amautas élevèrent au trône un des leurs, Lloke-Tiksak-Amauta, usurpation qui a été la source d'une suite de révolutions et du rétablissement de la dynastie dépossédée par eux.

Ceci est de l'histoire et nous éloignerait de notre but. Cependant nous devons établir qu'il ressort des données historiques et des luttes des Amautas et des gouvernants, que dans le Pérou ancien, la synarchie était la base du gouvernement, devenu presqu'absolu sous les derniers Incas.

Les princes étaient instruits dans les temples, sous les ordres du collège sacerdotal des Huilkas, prêtres initiés qui avaient réellement la direction des affaires et appartenaient à la famille impériale. Les Amautas étaient des lettrés, des savants ; les prêtres astronomes, d'un rang sacerdotal inférieur, de race plébéienne ; tout individu studieux et intelligent pouvait espérer devenir un Amanta. Nous verrons sous le règne de Titu-Yupanki les Amautas devenus puissants, fomenter des révolutions et enfin usurper le pouvoir en plaçant sur le trône Lloke-Tiksak-Amauta, un des leurs, usurpation qui ne dura pas longtemps.

Le pouvoir des empereurs était limité par des lois sévères dont les formules sacramentelles garantissaient le droit des divers corps d'états d'intervenir dans les affaires publiques.

Il n'entre pas dans le plan de cette étude de répéter les précieuses informations du Père

Acosta, nous nous bornerons à recommander la lecture de son livre. On y verra des choses fort curieuses sur la distribution administrative de toutes les classes de l'état, sur les lois civiles et criminelles, sur l'organisation municipale, sur le service postal, sur l'entretien des routes et la surveillance des écoles, sur la perception des impôts, sur la division administrative du travail et de production, sur le cérémonial de la cour, sur l'expédition des affaires publiques et particulières, sur la façon dont se rendait la justice, sur le service militaire, sur les promotions aux dignités et charges de l'état qui ne pouvaient être données qu'au concours, sur les écoles où la jeunesse s'instruisait et prenait ses degrés d'initiation à la suite d'examens et d'épreuves, sur la vigilance avec laquelle l'administration veillait à l'éducation dans chaque famille, etc.

L'absence complète de toute monnaie et de toute médaille est, quand on songe à l'immense quantité de métaux précieux que possédait le Pérou, un des caractères les plus curieux de cette civilisation. La *Coca* seule était employée comme moyen d'échange. C'est la feuille de l'*Erythroxylon Coca* (Malpighiacées) ; elle était et est encore d'un usage journalier chez les Quichuas argentins et du Pérou.

Depuis des temps très anciens, les Koyas en

avaient étudié les propriétés ; leur science était allée jusqu'à employer la *Llipta*, formée de cendres du Chenopodium Quinoa ou de chaux qui formait un composé soluble avec la partie active de la Coca, la Cocaïna, tant employée par la médecine actuelle.

La perfection morale à laquelle s'étaient élevés les Quichuas a fixé l'attention des historiens. Le comte Carli a écrit que l'homme moral du Pérou était infiniment supérieur à l'homme moral européen.

Avec Inti-Kapak commence, pour le royaume de Cuzco, une époque de grandeur et d'éclat incomparable. Le pouvoir des Pirhuas n'est plus désormais contesté par leurs voisins. Les Caciques ralliés à l'empire envoyèrent leurs fils à la cour les faire élever dans les maximes de la civilisation péruvienne. Le Pirhua, de son côté, mit tous ses soins à régler les lois et les cérémonies du culte. Il décréta que Illa-Tiksi-Huira-Cocha serait révéré comme Dieu suprême, mais s'abstint de condamner et de persécuter les dieux des tribus soumises.

Il divisa en quatre quartiers la capitale et les autres cités de l'empire ; chaque quartier eut cinq rues dans lesquelles il distribua la population, en tenant compte du rang de chaque habitant et de l'office qu'il remplissait. En même temps il réunit au Cuzco et dans les autres villes la partie des tribus provinciales qui n'était pas nécessaire aux travaux agricoles et fonda une administration basée sur le sens le plus rigoureux et le plus exact qui se soit probablement vu dans un peuple quelconque.

Il divisa toute la nation en Centuries, que l'on nomme *Pachacas*. Chaque centurion commandait à cent personnes. Un *Hurango* commandait à dix centurions ; un *Hunnos* à dix hurangos. Au-dessus de ces derniers était un *Tocricroc*, vice-roi inspecteur. C'était ordinairement un proche parent du roi. Le Tocricroc communiquait au hunnos les ordres du roi et ils allaient ainsi de bouche en bouche jusqu'aux centurions. Il punissait les coupables et maintenait l'ordre et la paix. Les choses de peu d'importance étaient décidées par les centurions et les hurangos, mais pour les affaires graves on en référait au roi qui seul pouvait infliger la peine de mort ou une punition sévère.

Il fallait être âgé d'au moins vingt-six ans pour remplir les charges inférieures, mais les Hunnos et les Tocricrocs devaient en avoir au moins cinquante. Toutes ces charges s'obtenaient au concours.

On envoyait tous les ans au roi l'état de la population et on désignait combien il y avait de vieillards, de jeunes gens et d'infirmes. On donnait à ces derniers les secours dont ils avaient besoin. On obligeait les jeunes gens à se marier dès qu'ils avaient atteint l'âge de vingt-six ans et les jeunes filles dès qu'elles en avaient quinze. Celles qui s'y refusaient étaient destinées à devenir prêtresses du Soleil, le plus souvent pour servir les prêtres. On les nommait *Ana-Kunas*, femmes au service du Soleil.

Il établit une autre loi qui s'observait encore à l'époque de la conquête. Il ordonna, sous les peines les plus sévères, que les habitants de chaque province eussent à porter un signe distinctif qui pût les faire reconnaître ; les uns devaient porter les cheveux tombants, d'autres les tresser, les autres devaient y placer un morceau d'étoffe, quelques-uns attacher une frange autour de la tête.

De cette manière on connaissait à l'instant à quelle province appartenait un Indien.

Les femmes se distinguaient par le vêtement et la chaussure et il n'était pas permis aux femmes d'une province de prendre le costume de celles d'une autre et moins encore celui des femmes du Cuzco, que l'on nommait *Pallas*.

Un des traits les plus notables du droit administratif créé par ce Pirhua fut la loi par laquelle il ordonna que les rois devraient dorénavant résider dans la capitale de l'empire, afin de pouvoir surveiller rapidement l'expédition des affaires publiques. Il mit en état tous les chemins, il y établit les *Chaskis* ou courriers. Il fit construire le long des routes, de lieue en lieue, environ dix kilomètres, des Tambos, maisons de poste, dans lesquels il y avait un ou plusieurs chaskis qui étaient toujours prêts à relayer celui qui arrivait et, de cette manière, les nouvelles circulaient avec une très grande rapidité. L'entretien des routes et des chaskis était à la charge de la province. On les changeait tous les mois, car c'était un travail fort rude. La manière dont le roi transmettait ses messages aux gouverneurs a subi la même variation que la civilisation. Tant que l'on connut l'usage des lettres et des chiffres on écrivit sur des feuilles de bananier. Les chaskis se les passaient de main en main jusqu'à ce qu'elles fussent remises au roi ou aux gouverneurs à qui elles étaient destinées. Quand l'usage des lettres eut été supprimé, ils apprenaient par cœur l'ordre ou la nouvelle qu'ils devaient transmettre et se la répétaient les uns aux autres. Avant d'arriver au tambo, le chaski criait pour avertir celui qui devait le remplacer; celui-ci l'attendait devant le tambo et repartait aussitôt, recevant la communication en courant. Ces tambos servaient aussi de lieux de repos pour les voyageurs, tout comme les caravansérails de l'Inde ancienne et les Bengalow actuels.

Les anciennes routes de l'Inde sont en tous

points égales aux anciennes voies du royaume des Pirhuas.

Au progrès matériel se joignit le progrès moral et intellectuel. Inti-Kapak fonda des écoles militaires, des cours scientifiques et un système complet d'enseignement professionnel.

Cet empereur régnait, selon les Amautas, 3200 ans avant J.-C., ce que nièrent les chroniqueurs espagnols car « c'est un article de foi « qui nous oblige à prendre le déluge comme « point de départ et comme dernière barrière » et fixèrent le XVe siècle avant J.-C.

Dès les temps reculés des Pirhuas, la nation quichua était divisée en quatre castes: les Pirhuas, les Curacas, les soldats, le peuple.

Les Pirhuas, la famille royale, composée de la descendance des aînés de la première femme, la légitime. La classe sacerdotale des Huilkas appartenait à cette branche aînée.

Les Curacas, les nobles, descendants des Pirhuas régnant par les différentes femmes que ceux-ci avaient le droit de prendre.

Les soldats et les employés du gouvernement formaient la troisième caste.

Puis enfin le peuple: agriculteurs et industriels.

Sous les Incas, la seule branche légitime était celle issue de l'union de l'Inca régnant avec la sœur aînée; à défaut de descendance mâle avec celle-ci, il épousait la cadette. Toutes ses sœurs étaient élevées dans le collège des Mama-Sipas, les Vestales. Les descendants des autres femmes n'avaient aucun droit à la couronne.

Les Pirhuas et les Incas se distinguaient des autres castes par la coutume de se faire percer les oreilles par l'Huillak-Umn et d'y porter de très grands anneaux d'or qui, par leur poids, allongeaient le lobe. Les Espagnols leur donnèrent le nom de *Orejones*, grandes oreilles.

Les Curacas n'avaient pas le droit de porter les anneaux. Lors de la naissance, le Huillak-Umn leur ouvrait le cartilage supérieur des deux oreilles, de là leur nom de *Hualluk*, les essorillés.

Les Incas, les Huilkas et les Vestales avaient seuls le droit de porter des manteaux tissés avec la laine de Vegogne.

Le centre et les bords en étaient toujours ornés de grecques, trait singulier de ressemblance avec le manteau des Archorutes helléniques et des consuls romains qui, eux-mêmes, au dire de Varron, avaient emprunté aux poutives étrusques cette partie de leur costume.

Cette division en castes et ces deux marques distinctives d'une caste supérieure aux autres sont une nouvelle preuve de l'origine aryenne des Quichuas. Les Indous étaient divisés en quatre castes et les castes nobles avaient les oreilles percées par les soins des brahmes et y portaient de grands anneaux de métal.

La caste brahmane des Churia-Vankcham, fils du Soleil, ainsi nommée parce que, selon eux, leurs âmes habitaient le soleil et devaient y retourner à la mort.

N'est-ce pas la croyance des Quichuas à propos des Pirhuas et des Incas ? Ne sont-ils pas les fils du Soleil et, après leur mort, leur âme doit retourner au soleil rejoindre celles des ancêtres.

Les Incas, quand ils parlent du soleil, le qualifient de Notre père le Soleil.

Doit-on attribuer au hasard cette similitude d'origine attribuée aux classes dirigeantes, ou n'est-ce pas une preuve de ce que ces deux peuples ont un lien commun ?

RELIGION

Il est logique de commencer l'étude de la religion des Indigènes par celle de leurs ancêtres. Grâce à cette étude, nous pourrons retrouver chez les différentes races qui peuplent actuellement la Pampa, les provinces du nord de l'Argentina et le Pérou, les restes d'une religion qui a causé l'admiration des conquérants catholiques.

La théogonie des anciens habitants du puissant empire inca compte quatre dieux principaux.

Le plus ancien se nommait Ati, *la Nuit*, son symbole la Lune. Son culte est dérivé de cette terreur instinctive qu'inspire l'obscurité.

Aux temps de la conquête espagnole, Ati n'était plus qu'un génie secondaire qui représentait cette sorte de fatalité qui accompagne chaque individu en naissant.

L'adoration d'Ati, comme Lune, correspond à l'époque de la période lunaire comme division de l'année et comme telle elle était le Dieu suprême qui régissait les destinées du peuple. Le culte d'Ati des races grecques et latines garde la même forme et presque le même nom.

Ce culte était double : culte d'adoration et d'amour, de crainte et d'horreur. Il est facile d'expliquer cette antithèse. La Lune, régissant pour les peuples primitifs la période des saisons, était le Dieu qui produit, qui donne. Dans son plein, elle était majestueuse, mais aussi elle s'obscurcissait et paraissait disparaître, sans doute pour accomplir le mal qui préside à l'obscurité des nuits. Les maladies devenaient plus graves, les fous plus mauvais. De là les deux cultes si différents. Ce culte de la Lune était un moyen employé par les prêtres pour cacher les mystères de leur science astronomique et pour satisfaire l'ignorance du peuple qui n'aurait pas compris la vérité métaphysique que les Amautas possédaient.

La Lune mauvaise, la voilée était invoquée par les Amautas quand il s'agissait du culte magique. Les sorciers, *Kakauchu* et le peuple la considéraient comme présidant aux enchantements de la magie noire.

Le second des Dieux est Huira-Cocha, l'*Esprit de l'abime* ou de la mer, fondateur de la lumière céleste. Son symbole était le soleil levant sortant des eaux, preuve évidente que ce Dieu n'est pas d'origine péruvienne, mais vient d'un pays où le soleil sort des eaux ou mieux où la mer est à l'orient.

L'idée de l'Être suprême revêtait deux formes bien distinctes : d'un côté, un idéalisme monothéisme, un Dieu pur esprit, capable de s'incarner dans une nature indépendante et de se créer lui-même en dehors de lui ; de l'autre, le panthéisme, la divination des forces vives de la nature dont l'activité s'exerce toujours sans pouvoir jamais s'élever jusqu'à l'état de pur esprit indépendant de la matière.

La première de ces formes est Illa-Tiksi-Huira-Kocha ; la seconde est Papacha-Kamak, le troisième Dieu de la mythologie péruvienne.

La modification de Huira-Kocha en Illa-Tiksi Huira-Kocha, *lumière spirituelle de l'abime*, indique un progrès intellectuel du peuple ou une manifestation de l'ésotérisme sacerdotal, quand le peuple, par un degré plus élevé de civilisation, a été en état de comprendre autre chose que des symboles.

Cette modification a été faite par les rois de la race Pirhua, c'est à dire presqu'aux origines de l'empire.

Ce Dieu était la divinité unique, l'Être suprême et créateur ; il n'avait ni autel, ni image, ni temple, parce qu'il possédait tout.

Le soleil, la lune étaient ses créatures et avaient des temples et toutes les richesses nécessaires à leur culte.

Nous croyons devoir publier ici un discours prononcé lors de l'inauguration d'un monument public, en 1440, par l'Inca Yupanqui, conservé par les jésuites. Il est un démenti formel à un culte solaire :

« Beaucoup d'hommes s'imaginent que le
« soleil vit et qu'il est le créateur de toutes
« choses. L'être qui fait quelque chose doit né-
« cessairement être présent lorsqu'il fait cette
« chose ; pourtant beaucoup de choses se pro-
« duisent tandis que le soleil est absent. Le
« soleil n'est donc pas le créateur de toutes cho-
« ses. Il ne vit pas non plus, car, tournant tou-
« jours, il ne se fatigue jamais ; or, s'il était
« chose vive, il se fatiguerait comme nous, ou,
« s'il était libre, il s'en irait bien quelquefois
« visiter d'autres régions du ciel où jamais il
« n'a pénétré. » (Garcilazo.)

Huayna-Kapak fit la réponse suivante au grand prêtre qui lui reprochait de regarder l'image du soleil malgré la loi qui défendait un tel acte. « Je te le dis, moi, que notre père le soleil doit « avoir un autre maître plus puissant que lui, « qui lui commande de parcourir le chemin qu'il « parcourt chaque jour sans s'arrêter. S'il était « maître et seigneur, il agirait bien quelquefois « à sa guise. » (du même auteur.)

Le troisième Dieu était PAPACHA-KAMAK, dont le nom littéralement traduit signifie *Rotation universelle, l'Univers*.

Ce fut pendant une époque d'obscuration due à l'invasion des peuplades d'au-delà les mers, les CHIMUS occidentaux, que le culte de ce Dieu pénétra dans l'empire de Cuzco, avant l'époque de lutte et de confusion de laquelle sortit l'empire de la dynastie Inca.

Dès le principe, ce culte fut en antagonisme et en lutte avec le culte établi de Illa-Tiksi Huira-Kocha. Ce qui est bien naturel, puisque le culte de ce dernier était purement spiritualiste et monothéiste, tandis que le culte de Papacha-Kamak était le panthéisme. Sous la dynastie Inca les deux cultes sont pratiqués ; il paraît avoir existé deux sanctuaires rivaux.

On doit croire que les Amautas et les familles impériales conservaient le culte de Illa-Tiksi Huira-Kocha, car l'Inca Huayna-Kapak n'aurait pas dit de ce dernier ce qu'il dit de Papacha-Kamak, quand l'oracle de ce Dieu lui prédit la ruine prochaine de son empire : « Quand le Dieu « lui-même viendrait confirmer la prophétie de « ce prêtre, je ne croirais jamais que notre Père « puisse permettre aussi injustement la ruine « de ses fils. »

Si l'on n'admet pas avec nous que les Quichuas soient d'origine aryenne, il paraîtra au moins étrange de retrouver si loin de l'Egypte une théogonie panthéiste si semblable à celle représentée par Patah ou Ptah, le père et l'aïeul des Dieux, la cause efficiente de l'Univers.

Le culte de Ptah égyptien répond à celui de l'Héphaistos hellénique. Ptah symbolise l'action créatrice du temps, rotation universelle, Pacha.

Papacha-Kamak porte sur la tête une couronne de plumes comme le Dieu Khem. Il porte le scarabée comme le Dieu égyptien et le plus souvent, comme en Egypte, ces images ont tantôt le sexe masculin, tantôt le sexe féminin et parfois elles sont hermaphrodites. Le plus souvent, en Amérique comme en Egypte et en Grèce, elles portent le phallus érigé.

Quelle preuve veut-on de plus de la parité deux mythes et de leur origine aryenne commune ?

Le quatrième Dieu des Péruviens est Kun-Tiksi Huira-Kocha, textuellement le *chaos fon-*

damental, vent de l'abime ; son symbole était le soleil couchant. Son culte remonte aux premiers Pirhuas et paraît venir des peuplades d'au-delà de l'équateur, de la *Kundinamarca*, KUN INNA MARKA, frontière extrême de Kun.

KUN veut dire *feu*, mais sans radiation, le soleil à l'occident. Le Dieu Kun avec les attributs *Tiksi Huira-Kocha*, qui appartiennent aussi à ILLA, représente le panthéisme ou mieux la nature ; sa fête principale se célébrait à l'équinoxe d'automne.

Il est facile de comprendre que chacun de ces Dieux et l'introduction de leur culte représente une période de progrès pour le peuple. D'abord le culte d'ATI, la Lune qui préside dès l'origine des civilisations à la division mensuelle du temps. C'est le Dieu qui donne les récoltes et tous les biens de la terre. Ensuite le panthéisme dans ses différentes phases, puis enfin le monothéisme.

Il est évident que, comme à notre époque, le peuple n'approfondissait pas les questions religieuses ; il se contentait de l'exotérisme et pourvu que les récoltes lui donnent le nécessaire, peu lui importe les luttes scientifiques des monothéistes et des panthéistes. Pour lui Ati était la Lune, Illa-Kiksi Huira-Kocha le soleil levant et Papacha-Kamak le soleil couchant.

Selon le progrès intellectuel du peuple et son

développement psychique, les prêtres modifiaient l'exotérisme, concédant chaque fois une nouvelle parcelle de vérité.

Il est probable qu'à une certaine époque de progrès général, des savants et des penseurs, en dehors des collèges sacerdotaux, ont formé, tout comme chez les peuples de l'ancien monde, les écoles spiritualistes et matérialistes.

Les Dieux des Péruviens quichuas avaient leurs cultes spéciaux. Des fêtes magnifiques étaient célébrées en leur honneur. Une pompe éblouissante présidait à ces cérémonies du culte public. Des processions imposantes par le nombre et l'appareil religieux, parcouraient les villes et les campagnes portant en triomphe les symboles religieux. Les corporations avec leurs bannières suivaient les corps de l'Etat ; le clergé recouvert de somptueux ornements était à la tête du cortège, portant les insignes correspondant à chaque groupe sacerdotal.

Les fêtes agricoles étaient au nombre de quatre.

La première Umu-Raymi, le *Saint Mystère du soleil*, était aussi la plus pompeuse. Un luxe inouï, incroyable de nos jours, donnait à cette fête un éclat imposant et presque surhumain. Les écrivains espagnols de l'époque évaluent à plusieurs milliers de quintaux le poids des objets en or qui y figuraient comme symboles, appartenant soit au clergé, soit aux corporations, sans compter la pompe royale qui était féerique.

Elle se célébrait à l'équinoxe de printemps.

L'importance et la signification de cette fête étaient évidents pour les sujets de l'Inca. C'était l'instant où la nature ravivée déployait ses forces ; la mère commune, la terre, sentait fermenter dans son sein les semences qui doivent nourrir tous ses enfants.

L'on célébrait en même temps la fameuse fête HUARAKA qui ressemble d'une manière étonnante aux cérémonies qui accompagnaient à Rome la prise de la toge virile. La jeunesse des écoles, après avoir terminé le cours de ses études, passait les examens de science, de tactique et de gymnastique ; elle jeûnait, luttait, se livrait aux mille exercices d'une éducation forte, avant de recevoir la Huaraka, insigne de la virilité et les armes, parure du soldat.

Cette fête était remarquable par l'esprit qui avait présidé à son ordonnance. Dans toutes les cérémonies qu'on y accomplissait perce le génie d'un peuple civilisé de longue date et enrichi par un travail opiniâtre, dont tout le développement intellectuel repose sur les sciences exactes et naturelles et dont toute la vie civile et politique est fondée sur un pouvoir d'origine scientifique.

L'éducation des Rois se faisait dans les temples sous les soins des Huilkas prêtres initiés. Toutes les places, comme en Chine, étaient données au Concours.

A la fête du Raymi, lors du solstice d'Eté, les cérémonies étaient purement religieuses et pastorales. On tondait les bestiaux, on offrait aux Dieux les prémices des moissons et des troupeaux. Le souverain Pontife recueillait les rayons du soleil sur un miroir et allumait à son foyer un morceau de coton consacré. Ce feu nouveau était aussitôt transmis aux temples des vestales, répandus dans tout l'empire. Comme à Rome, les Vierges le gardaient. Lorsqu'il venait à s'éteindre, le deuil régnait ; on croyait que la colère du ciel avait été provoquée par quelque crime et l'on attendait en tremblant, le châtiment du Dieu irrité.

La Saison d'automne s'appelait Anta-Situa vis à vis de Situa, le printemps.

La fête était toute administrative. Les employés après avoir recueilli les tributs dans tout l'Empire en commençaient la répartition ; ils donnaient à chacun selon son droit, les semences, les aliments, en un mot tout ce qui était nécessaire à la vie de l'homme et aux besognes champêtres,

Le Solstice d'hiver.

Yntip-Raymi, était marqué par une fête sacerdotale. On y célébrait l'arrêt du soleil et son retour vers l'hémisphère du Sud par des drames et des chants lyriques, dans lesquels les Amautas reproduisaient les traditions de leur histoire. Les astronomes annonçaient les grandes divisions climatériques et religieuses de l'année qui allaient commencer. La famille royale visitait les Huakas où étaient ensevelis et vénérés les ancêtres.

Chaque particulier accomplissait dans l'intérieur de sa maison les rites particuliers du Kanopa, sous le patronage duquel il était placé. Cette fête des morts qui se célébrait au Solstice d'hiver fut transportée au mois de novembre aux temps de l'Inca Yupanki.

Le solstice d'hiver était pour le peuple, comme dans les vieilles traditions de la race, la promesse et le commencement des bienfaits de l'année, il l'appelait Kuski-Raymi, le solstice de l'allégresse et célébrait sa venue par des feux de joie.

Pendant le mois *Hatun-Kokkoy*, les grandes pousses, — Janvier-Février — on célébrait la fête des eaux *Chirapa*.

Cette fête appartenait à l'ancien culte de la lune. L'époque à laquelle on la célébrait est la plus sèche de l'année ; elle devait être une invocation à la pluie qui fait alors défaut. Cette fête durait plusieurs jours, probablement pendant les epagomènes, elle consistait à se jeter de l'eau au moyen de petits vases spéciaux nommés *Akilla*, qui ne laissaient passer qu'une petite quantité de liquide en forme de pluie.

Lors de la conquête espagnole on conservait encore au Cuzco, consacré à la lune, un de ces vases, Akilla, en argent.

Il serait difficile d'affirmer que ce feu avec les Akilla ne dégénérait pas en arrosage complet et que le peuple n'employait pas des vases plus grands afin de mouiller complètement son partenaire ou les passants.

Voici un fragment des cantiques qui se chantaient à cette fête : il a été conservé par le religieux Blas de Varela ;

Sumak Nusta,	Belle Princesse,
Tura llaykkimi	Ton tendre frère
Punard-Ykkita	l'urne que tu possédais,
Pankir Kárkan.	il l'a rompue.
Hina mantara	Or c'est pour celà
Kunanunan,	Qu'il tonne,
Ylla pantak.	Que l'éclair brille,
Kanzi Nusta	Toi, en marchant Princesse,
Unu-Ykkita	de l'eau de ton urne
Para Munkki ;	tu fais la pluie ;
May nimairi,	et également parfois
Chik-chik Munkki,	tu lances la grêle,
Riti Munkki.	et tu fais neiger.
Pacha-Ruzack	L'architecte du globe,

Pacha-Kamak	le Créateur du globe,
Huira cocha	l'Esprit incommensurable,
Kai Hinapak	pour cela
Churasunkki,	te fait vivre
Kamasunkki.	et te nourrit !

Ne dirait-on pas un himne du Rig-Veda ?

Selon Ovington, *Extraits des voyages au pays des Banions*, on célébrait la fête des eaux, Sapan-Daiche.

« Le Roi et la Reine se jettent l'un à l'autre de l'eau de rose. La Cour, la noblesse, les gens de guerre, en un mot le peuple même les imite et sous ce prétexte on arrose quelquefois si bien le passant par les fenêtres que les gens bien avisés se tiennent chez eux de peur de recevoir trop d'eau. »

Il est difficile d'attribuer au hasard la similitude de ces fêtes. Elles indiquent une origine commune. La même fête existe au Brésil depuis bien avant la découverte de l'Amérique ainsi que le fait remarquer M. Allain, " *Rio de Janeiro* ".

Peut être n'aurions nous pas parlé de cette fête avec autant de détails si elle n'existait encore dans toute l'Amérique du Sud. C'est le Carnaval.

« Il y a près de Vingt ans (1870) dit M. H. Ebelot, *La Pampa*, j'arrivais à Buenos Aires, j'allai au *Corso*. J'y rencontrai un ancien ministre des affaires étrangères promenant gravement son gamin de cinq ans vêtu en sauvage et monté sur un poney enguirlandé dont le père tenait la bride. Il y mettait autant de sérieux qu'à rédiger un protocole, et tout le monde trouvait cela naturel.

« Le président de la République vint à passer en voiture. On l'arrosa d'importance. L'ancien ministre, le gamin, le président et la foule étaient aux anges.

« Ce président c'était M. Sarmiento, qui précisément a écrit dans ses livres en un style inimitable les vieilles coutumes de la République argentine.

« Ah! qu'il était loin en ce moment l'homme d'Etat! et comme le président avait envoyé sa présidence à tous les diables. Protégé par un grand *poncho* de Vigogne, coiffé d'un chapeau mou, dans une calèche qui ne craignait pas l'humidité, il envoyait et recevait de l'eau à foison et riait jusqu'aux oreilles.

« C'était cependant l'année où on avait supprimé les aspersions à outrance. Car avant on s'arrosait avec des seaux ; on s'aspergeait avec fureur, par exemple on emplissait d'eau un journal de grand format ployé en cornet et on le laissait tomber du haut d'une terrasse sur le chapeau d'un passant.

« De l'ancien carnaval on avait conservé le

pomito. C'est un petit cylindre de métal dont on fait jaillir en le pressant un jet d'eau parfumée. Celà avait encore du caractère et donnait lieu à de mignonnes escarmouches, agrémentées de jolis cris d'angoisse et d'effarouchements gracieux entre jeunes gens et belles filles. Celà aussi à fait son temps. L'élégant *pomito* qui coutait cher a été remplacé par des espèces de grosses seringues qui mouillent tout autant qu'avec un seau et est devenu l'apanage des cuisinières et des courtauds de boutiques. »

LES MOIS ET LES SAISONS

Les mois se divisaient en quatre groupes de trois :

PINTEMPS — SITUA. Cette Saison commençait le jour même de l'équinoxe et comprenait :

1°. Septembre - Octobre — UMU - RAYMI, *mystère divin du Soleil*.

2° Octobre - Novembre — PANCHIN - TOKTU. *ouverture des ruches*.

3° Novembre - Décembre — AYA - MARKU, *la fête des morts*; culte des ancêtres. Cette fête se célébrait au Solstice d'hiver avant Yupanki, qui en fixa l'époque nouvelle.

SOLSTICE D'ÉTÉ - KAPAK - RAYMI

1° Décembre - Janvier. HUK - CHUY POKKOY, *première apparition des pousses du maïs*.

2° Janvier-Février — HATUN-POKKOY, *grandes pousses du maïs.*

3° Février-Mars — PAKKARI-HUATAY *le nœud de la lumière*, l'arrivée du Soleil à la ligne équinoxiale.

EQUINOXE D'AUTOMNE

1° Mars-avril — PAKKARI-HUANUY ; *mort, dépérissement de la lumière solaire.* C'est le moment où le Soleil commence à s'éloigner.

2° Avril-Mai — ARIHUA, *fête du foyer, du repos.*

3° Mai-Juin — HAYMA-MURAY, *les dépots de l'hiver.* C'est pendant ce mois que l'on terminait les hangars pour conserver les grains pendant la saison pluvieuse.

SOLSTICE D'HIVER — INTIP-RAYMI

1° Juin-juillet. TITU, *fils du Soleil*, en honneur d'un prince illustre qui portait ce nom.

2° Juillet-Août. CHIRAN-PACHA, *révolution, retour de la clarté.* Les jours commencent à s'allonger sensiblement.

3° Août-Septembre. ANTA-SITUA, le *prédécesseur du printemps.* —

CROYANCES POPULAIRES

En dehors des croyances et du culte officiels, professés par les classes élevées, il y avait, comme chez les collectivistes du vieux monde, le culte et les croyances que le peuple, moins avancé intellectuellement professait.

À côté des grands principes et des vérités que la religion officielle renfermait, l'ignorance fit naître comme dans toutes les religions humaines, une multitude de croyances et de pratiques. Quelques uns des écrivains catholiques anciens, fanatiques exaltés, ont crié bien haut contre cette dégradation ; ils ont prononcé l'anathème avec un luxe de pieuses injures et ont cité comme des preuves évidentes de barbarie ce penchant superstitieux qui se trouvait au fonds des idées religieuses du peuple. S'ils avaient consulté la raison au lieu de se laisser conduire par le fanatisme, toujours mauvais conseiller, ils auraient sans aucun doute jugé autrement.

Il serait aussi absurde de juger de l'état religieux des Nations Quichua et péruvienne d'après les croyances populaires, que de condamner le christianisme, par exemple, à cause des pratiques et des superstitions auxquelles il a donné naissance. Pour examiner une religion il faut se mettre au-dessus des détails inhérents à l'ignorance du peuple et ne considérer que les idées qui se cachent sous le culte extérieur.

Le culte des ancêtres et la Croyance aux esprits des morts occupaient la première place.

Ce culte tout familial n'avait point de Sacerdoce ; le chef de famille dirigeait les cérémonies.

Les collèges sacerdotaux et le chef du pouvoir laissèrent à tous les peuples soumis par leurs armes, le culte qu'ils professaient. Ils admirent dans le grand temple de Cuzco tous les dieux de ce peuple.

Le résultat de cette tolérance fût une foule de croyances et de cultes différents, qui peu à peu se fondirent les uns dans les autres et formèrent une religion spéciale professée par le peuple.

Le panthéisme en était la base, le culte des esprits en fut la conséquence avec son cortège de sortilèges et de talismans préparés par les *Kau*, sorciers paysans. La lutte pour l'existence jointe à l'envie naturelle des travailleurs pour les classes plus élevées en firent bientôt un culte noir. Des victimes humaines étaient sacrifiées pour se rendre propices les Esprits ; des pratiques haineuses et malsaines présidaient à la fabrication des charmes et des enchantements.

Nous traiterons ces questions quand nous étudierons l'occulte.

Le peuple adorait des idoles, sacrifiait au soleil et aux astres. Pour lui, ignorant des grandes idées monothéistes des Huilkas et des Amautas, toutes les forces de la nature étaient des Dieux bons ou mauvais, auquels il adressait des prières pour leur demander aide ou pour apaiser leur rigueur.

Pour lui, Ati était la Lune, tantôt bonne, tantôt mauvaise. Pour la remercier de ses faveurs ou pour en obtenir d'autres, il lui offrait des gâteaux de maïs et des tourterelles. Pour se rendre favorable la mauvaise il lui sacrifiait des oiseaux de nuit.

Pour lui, le Soleil était le père de toute chose, il le saluait à son lever, lui demandant sa protection pour les biens de la terre. En faisant ses ablutions il répandait un peu d'eau en honneur du soleil. Quand il avait accompli sa carrière, il le saluait encore, le priant de revenir et de ne pas laisser ses enfants dans les ténèbres.

Un des symboles principaux du culte populaire du Soleil étaient les Aérolithes, que les Quichuas considéraient comme d'origine divine. La possession d'un fragment de cette pierre était considérée comme un grand bonheur.

Dans le grand temple de Cuzco il existait un énorme aérolithe, c'était le Dieu qui avait été apporté par les peuples du Nord d'au delà de l'équateur, de la Cundinamarka (La Colombie).

L'Emeraude, Uminna, *la substance divine verte* était l'objet d'un culte spécial ; des temples importants avaient été élevés en son honneur.

C'était un symbole de la terre qui reverdit toujours et dont la beauté est toujours jeune.

On adorait Kirka, *celles qui montent à travers l'espace*, nom des sommets des montagnes. Le peuple les considérait comme les têtes nues de la terre. Quand les voyageurs arrivaient près de ces sommets, ils formaient des monticules de pierres Pascheta et offraient sur ces autels improvisés des fleurs, des fruits et des herbages.

Les formes phalliques qui symbolisaient le pouvoir reproducteur était aussi l'objet d'un culte spécial. Le phallus érigé était un attribut du Dieu Kun. Un grand nombre d'amulettes et de talismans étaient de forme phallique.

Les Quichuas rendaient aussi un culte à Llama-Kanopa *Bélier Dioscure*, qui selon eux avait son esprit dans le ciel. La racine linguistique qui forme son nom est Kan, *lumière des astres*, d'ou Kanchik, lumineux et Kanchikis, sept, littéralement nombre, is, de ceux qui donnent la lumière. Ce nom donné au chiffre sept trouve son explication dans le nombre des planètes connues. Llama-Kanopa n'était pas le symbole d'un seul être, il représentait le système, la famille des Kanopas ou *luminaires célestes*. On le représentait par des statuettes en métal, Kanopas, et par des statuettes en argile, Chankas.

Ce culte était celui des sept planètes adorées dans les mystères cabiriques. Les Kanopas comme les *Cabires* et les *Pénates* étaient les Dieux de la nation, de la tribu et de la famille. Les Quichuas avaient des tours de pierres où ils conservaient la *Kanopa* protectrice de la tribu, on nommait ces tours Marka, elles servaient aussi de limites.

Une ressemblance curieuse, les Kanopas du Pérou comme les cabires de Samothrace, guérissaient aussi les maladies. Le culte était confié à une caste de médecins et de prêtres appelés Koiés ou Kôés à Samothrace et Koyas au Pérou.

La généralité des peuples sous la dénomination des Incas vénéraient les esprits des Morts et croyaient à l'immortalité de l'âme. A certains anniversaires ils exposaient des vases remplis de boissons et d'aliments, destinés aux esprits des morts qui revenaient sur terre.

Ils savaient que les esprits ne s'alimenteraient pas de la partie matérielle de ces présents, mais qu'ils prendraient les essences qui convenaient à leur qualité d'esprit.

Dans toutes les contrées la destinée de l'âme post Mortem était identique, ce qui changeait c'était le lieu de sa résidence.

Dans les contrées montagneuses les âmes se dirigeaient à Upamarka, *pays du Silence*; pour y arriver elles devaient traverser un large fleuve sur un pont très étroit. Quelques-uns croyaient que des chiens noirs les aideraient à traverser ce pont dangereux ; pour cette raison ils en élevaient et les tuaient lors de la mort de leurs parents.

Les âmes des habitants des rives de l'océan étaient conduites aux îles Chinchas par les lions marins.

Partout, dans leur demeure d'outre-tombe, les âmes jouissaient du repos.

Les Quichuas croyaient que les esprits souffraient si le corps qu'ils avaient abandonné souffrait. Pour cette raison on n'enterrait pas les morts, afin que la terre ne blessât pas l'Esprit en même temps que le cadavre. Les corps étaient momifiés et conservés dans des souterrains spéciaux. Là, on pratiquait un culte très rigoureux afin de se rendre favorable les Esprits des morts que tous craignaient, Huaka le culte des morts.

Ils croyaient qu'il existait un lieu de récompense pour les mauvais. Il y avait trois mondes : Hana-Pacha, le monde supérieur ou allaient les bons ; le monde terrenal Hurin-Pacha, et enfin Hukku-Pacha, le monde d'en bas, de purification, domaine de Tupay ou Sibay.

Les âmes des Incas devaient se rendre au Soleil, le monde supérieur étant pour les Curacas les progressés.

La résurrection et la réincarnation étaient aussi une croyance de la plus grande partie des Quichuas et des peuples de l'empire. Ils croyaient que la vie d'outre-tombe est la continuation de la vie terrestre, selon les progrès accomplis.

Suivant Garcilazo, les Quichuas croyaient que l'âme abandonne le corps pendant le sommeil, qu'elle ne peut dormir en raison de son état immatériel et qu'en général les songes sont ce que voit l'âme dans le monde, pendant que le corps repose. Théorie que certaines écoles spiritualistes contemporaines paraissent admettre.

Selon le même auteur, les Quichuas croyaient à la résurrection universelle, non pour la gloire ou le châtiment, sinon comme un retour à la vie, nécessaires au progrès.

Nous terminerons cette revue des croyances du Pérou par une ressemblance notable.
Les Pihruas primitifs et les Quichuas appelaient TAPAY ou SIBAY le Dieu du mal.

Les Égyptiens et les Grecs appelaient SEVEK ou TYPHON ce même génie et lui donnaient l'épitéte de Tpe le resplendissant tout comme les Quichuas TUPAK.

Affirmer que le peuple seul pratiquait les cultes et croyances extra-officiels serait commettre une grave erreur. La superstition des classes élevées, l'espoir d'obtenir quelque faveur le besoin et la curiosité étaient des leviers assez puissants pour les pousser à prendre part aux cultes exotériques.

Tels sont dans leur ensemble les mythes et croyances antiques officiels et populaires, du Pérou. Cette exposition est aussi complète que possible au moyen des rares documents qui ont échappé au fanatisme et à l'ignorance stupides des conquérants et missionnaires espagnols.

Nous espérons que pour des gens non prévenues, cette exposition aura prouvé que par leur religion et par leurs superstitions mêmes, comme par leur langue et leurs coutumes les Quichuas se rattachent étroitement à la race aryenne.

LES GUARANIS

Lors de la conquête une partie des indigènes guaranis qui occupaient le territoire actuel des provinces de Buenos-Aires, Santa-Fé, Entre-Rios, le Paraguay et le bas Brésil, après des luttes sanglantes et des invasions qui durèrent plus d'un siècle et demi préférèrent se retirer dans les forêts du Chaco que de se soumettre aux étrangers ; ils ont transmis à leurs descendants le sentiment de la défense de leur territoire et de leur indépendance. Aujourd'hui encore, les Guaranis du Chaco vivent dans la même indépendance qu'il y a trois siècles. Ce peuple était nomade comme il l'est encore, de même que presque tous les habitants du Pampas. Ils vivent sous des tentes de peaux ou dans des huttes de terre battue et de branchages, comme les faisaient leurs ancêtres.

Leur civilisation était peu avancée. S'il est vrai que la zone qu'ils habitaient ne leur fournissait pas les matériaux nécessaires à l'édification de monuments durables, leur génie ne leur fournit pas les moyens de se les procurer. Toute la partie Est de l'Argentine, le Paraguay et une zone importante du sud du Brésil que les Guaranis habitaient, forment une immense plaine, terrains d'alluvion. La pierre fait complètement défaut dans toute l'étendue de ces terrains. Les Villes et Villages actuels sont tous bâtis en briques.

La religion des différentes tribus guaranis était, ce qu'elle est encore, une religion dualiste où l'animisme joue un rôle très important. Ils avaient un culte spécial pour la Lune en son plein : les mères exposaient leurs enfants aux rayons de cet astre, afin qu'elle les connaisse et leur vienne en aide. AINAN, ANANGA, c'est la lune mauvaise, la lune décroissante, le mauvais génie qui est cause de tous les maux. On lui offrait des sacrifices humains.

Les tribus de la rive droite du Parana, avaient

un culte solaire comme Dieu bon et créateur, Tupan, qui leur avait enseigné le peu d'agriculture qu'ils connaissaient. Ces tribus plus avancées en civilisation étaient sans doute sous la domination des Incas ou tout au moins en contact commercial avec les peuples de l'empire.

Tous croyaient aux esprits des morts qui, selon qu'ils avaient été bons ou mauvais revenaient sur la terre en prenant le plus souvent pour les mauvais la forme de l'onde.

Pour eux le tonnere était la voix irritée de leur Dieu Tupan.

Le Sacerdoce était une espèce de congrégation secrète ; les novices étaient soumis à une discipline très sévère, jeûnant pendant longtemps et vivant dans la solitude. Ils étaient tous médecins et sorciers.

Au Paraguay, dans la partie montagneuse existent les ruines d'un temple qui paraît avoir été élevé en l'honneur de Carù et Tiri, les Dieux créateurs des humains.

La religion actuelle des Guaranis indépendants est un mélange de leurs anciennes croyances et de catholicisme qu'ils ont appris des missionnaires jésuites.

Ceux qui formèrent des établissements agricoles dans la partie qu'on nomme actuellement territoire des Missions, sur les limites du Chaco et du Brésil. Le gouvernement était un mélange de communisme et de théocratie. Ces colonies indigènes ont prospéré dès les premiers temps de la colonisation 1621, jusqu'a l'époque où les Jésuites furent expulsés d'Espagne et de ses colonies d'Amérique 1803. Ces travaux importants ont été abandonnés et les colons indiens retournèrent avec leurs frères du Chaco.

RELIGION ACTUELLE DES ABORIGÈNES

Comme nous l'avons déja dit, le fanatisme religieux et ignorant des missionnaires catholiques a détruit tout ce qui paraissait contraire au culte qu'ils voulaient imposer.

De ce fait, l'exposé de la religion des peuples américains du sud, avant la conquête espagnole est fort incomplet même pour la race principale. Les chroniqueurs ont laissé dans l'oubli les peuples soumis aux Incas qui habitaient les contreforts des Andes et probablement une partie du territoire de la Pampa.

Nous devrons nous contenter pour les Araucaniens et Pampéens, d'étudier leur religion actuelle déja bien modifiée par les missions et le contact des civilisateurs envahisseurs. Nous y retrouverons les grandes lignes de la religion des Quichuas anciens.

Les trois grandes races indigènes ont un lien commun religieux: ils sont spiritualistes dualistes

Ils croient en un Être suprême qui, par sa

volonté s'est divisé en une série d'être bons, presqu'aussi puissants qui lui, qui peuvent cependant devenir mauvais.

Selon leur degré de civilisation les indigènes représentent ces émanations du Dieu suprême par des images plus ou moins parfaites, tout comme nous, les civilisés, nous le faisons employant le talent de nos artistes pour représenter nos saints et les symboles de la religion. L'indien ne peut représenter son Dieu que selon ses moyens ; un morceau de bois ou de pierre orné ou à peine ébauché en forme humaine, voilà le travail artistique qu'il peut donner. Qualifier cela de fétichisme, c'est facile et surtout scientifique, mais aussi loin de la vérité que possible. C'est l'enfance de l'art représentatif d'un principe ou d'une croyance religieuse, rien de plus.

Le croyant sauvage est aussi satisfait de sa sculpture que peut l'être le Pape Léon XIII quand un grnd artiste lui sculpte un Christ en ivoire de haut mérite, que ce prince des croyants civilisés conserve aussi précieusement que l'Australien son gris-gris et lui prodigue les mêmes hommages et baise-mains.

Chez le Pape c'est de la religion, selon la classification admise par les savants ! Pour le Pape, son christ est aussi bien un fétiche que le gris-gris de l'Australien ; tous deux représentant la même chose, la matérialisation de l'idée religieuse d'un être invisible auquel on veut rendre hommage et au pouvoir duquel on croit.

Toutes les races humaines, selon leurs progrès intellectuels et industriels ont modifié artistiquement leurs idoles, lesquelles représentent toujours la même chose : *le grand inconnu puissant*, GUNECHEN-PEPILPOE des Araucaniens. Aucune des races indigènes n'ose représenter ce Dieu suprême ; à peine ose-t-on lui faire une prière. Quand il ne fait pas droit à leur supplique ils croient que ce Dieu pour les punir les abandonne au Dieu méchant ou au mal HUALICHO, ils le nomment aussi HUECUFA.

Ils n'ont aucun culte pour le Dieu Gunechen. Ils prétendent, comme leurs ancêtres, que puisqu'il est toute bonté, il sait ce dont ils ont besoin et on ne doit pas lui faire des offrandes puisque tout est à lui. Idée très élevée de la divinité.

Ils croient devoir se rendre favorable le Hualicho, le mauvais, le justicier. Pour lui, ils ont un culte spécial, c'est lui qu'on prie dans les cérémonies religieuses, c'est à lui qu'on fait des offrandes afin de se le rendre propice.

Les races Araucaniennes ont une vénération spéciale pour un arbre, que les civilisés nomment, avec eux, *palo santo* bois saint, son nom botanique Gaiacum Chilensis, G. rutacées-zygophillées. Cet arbre doit être dans un endroit retiré, éloigné des habitations. Cet arbre choisi par la *Machi*, devineresse, droguiste, consacré par un rite spécial, et selon l'époque plus ou moins reculée de consacration, couvert du tronc aux branches de morceaux d'étoffe, de peaux d'animaux, d'objets en argent, etc.

Quand j'étais chirurgien-major de l'armée argentine, à Guamini, frontière Ouest, dans une petite île boisée qui se trouvait dans un lac important, *Laguna del Monte*, il y avait un de ces arbres de plus d'un mètre de diamètre et d'au moins huit mètres de haut, recouvert de morceaux d'étoffe et de peaux. Les objets de valeur avaient été enlevés par les soldats.

J'ai souvent demandé aux Indiens ce que c'était que ces arbres ainsi ornés. Tous effrayés me répondaient *Hualicho*, le mauvais. J'ai su cependant par une Machi que j'avais guérie de la variole que ces espèces d'ex-voto étaient un *Kati* demeure d'un esprit de maladie, enfermé là par la machi au moyen de ses enchantements. Celui qui était chargé de le suspendre à l'arbre devait prendre les plus grandes précautions : d'abord son offrande ne devait pas toucher celles des autres et surtout ne pas faire tomber les Kati, car le Hualicho noyait tous ceux qui les arrachaient ou les faisaient tomber.

Un fait curieux à propos de cette croyance. Les soldats bûcherons, gouailleurs des Indiens et de leur croyance, résolurent d'abattre ce fameux arbre et d'en faire du bois de chauffage. Les Indiens les avertirent du danger qu'il y avait à toucher à ces Kati et surtout à l'arbre consacré ; parce que, disaient-ils, les Esprits de toutes les maladies, aidés du Hualicho, faisaient toujours mourir les imprudents. Ces réflexions ne firent que les exciter d'avantage et se mirent en riant de la crédulité des Indiens, à abattre l'arbre redoutable. Cette fanfaronnade leur coûta la vie.

Ce lac, à peu près circulaire, peut avoir de neuf à dix kilomètres de diamètre, l'île presque centrale, a plus de trois kilomètres, dans sa partie la plus étroite et cinq dans la plus large. Ses berges ont plus d'un mètre au-dessus du niveau des eaux.

Quand les soldats bûcherons revinrent vers le soir, dans leur barque, avec une partie du tronc, comme bois de chauffage, par un temps calme, sans cela ils ne se seraient pas embarqués le lac s'enfla en tempête et ils furent engloutis. Le jour suivant la barque fut retrouvée à la côte ; quand aux cadavres des victimes ils restèrent introuvables.

Les bûcherons avaient la coutume afin de pouvoir charger davantage la barque, de rester une partie dans l'île, ou ils avaient une cabane, et de se relever à tour de rôle.

Ce furent ceux qui restèrent qui firent connaitre l'embarquement de leurs trois compagnons et l'espèce de tempête qui s'éleva sur le lac, sans raison plausible, peu après leur départ et les bruits épouvantables qu'ils entendirent toute la nuit dans l'île.

Il est facile de s'expliquer la peur que ce fait étrange produisit. Les ordres exprès du chef purent seuls vaincre la crainte des autres bûcherons. Hasard ! dirent les esprits forts !

Ce lac a une réputation assez mauvaise et je puis affirmer qu'il la mérite. On prétend que quand le Hualicho le veut, les eaux deviennent furieuses, s'élèvent en vagues énormes et viennent frapper les rives avec un bruit sinistre. On prétend, en outre, qu'il est très dangereux de se hasarder sur ses eaux qui, sans raison physique plausible, se gonflent en tempête. J'ai vu plusieurs fois, par un temps calme, des vagues énormes venir déferler au rivage, sans que j'aie pu expliquer le pourquoi de ce phénomène. Ce lac, alimenté par trois ruisseaux, se trouve en pleine Pampa, dans une espèce d'entonnoir, sans doute ses anciennes rives, qui le mettent de tous côtés à l'abri du vent. Les terrains qui l'entourent sont de 7 à 8 mètres plus élevés que son niveau ordinaire. Il n'a pas de berges sinon à l'embouchure d'un ruisseau desséché. Ce phénomène ne peut être attribué à des courants d'air qui entreraient par les petits cours d'eau qui l'alimentent. Ils ont entre les berges à peine deux mètres de profondeur et à leur entrée dans le lac ils courent au niveau du sol. Ce lac est réellement effrayant quand le vent souffle un peu fort, les vagues se brisent les unes sur les autres avec un bruit assourdissant qui s'entend à plusieurs kilomètres.

Le chef de la frontière, le colonel Freyre, avait fait construire une petite chaloupe pour parcourir ce lac ; elle a duré quelques mois. Les secousses violentes qu'elle recevait sur un fond de quelques brasses la mirent bientôt hors de service. Les bûcherons conservaient leur barque, plus petite, en prenant la précaution de la tirer à terre.

Les Indiens eux-mêmes ont une respectueuse terreur de ce lac. Ils n'allaient dans l'île qu'avec la permission de la Machi et pour y accomplir le rite commandé par elle.

Dans certaines circonstances très importantes, la Machi elle-même accompagnait l'Indien afin d'accomplir les invocations. Pour faire cette traversée, à peu près deux kilomètres, il fallait nécessairement connaître les passages où les chevaux pouvaient avoir pied le plus possible. Les chevaux indiens sont d'excellents nageurs ; malgré cela, l'Indien ne se hasardait qu'avec quatre ou cinq chevaux qu'il tenait à sa portée en cas d'accident ou faiblesse de celui qu'il montait.

Maintenant il est impossible d'y aller à cheval, parce que lors de l'ouverture du grand fossé de défense contre les invasions des Indiens, on fit communiquer les lacs et marais voisins qui augmentèrent son niveau de plus de trois mètres et son étendue de plusieurs kilomètres.

Guamini était, avant 1877, un point stratégique très important pour les Indiens ; son territoire était très peuplé, le cacique Namuncura y avait ses *toldos*. Il devait avoir à le conserver un intérêt autre que la possession d'un terrain fertile quelconque, car pendant plus de trois mois il a lutté pour le défendre et le reprendre une fois occupé par les troupes.

Quand nous traiterons de l'occulte nous essayerons de prouver le pourquoi de cette ardeur à conserver cette partie de la Pampa et le pourquoi de la terreur qu'inspiraient le lac et son île sacrée.

— Les savants ethnographes qui ont décrit la Pampa et ses habitants ont été moins heureux dans l'exposition des religions des indigènes que dans la description du territoire et de sa faune. Armés de toutes pièces de la théorie scientifique matérialiste et suivant la règle générale, la propension à rabaisser tout ce qu'ils ne peuvent expliquer par les théories admises, ils n'ont vu qu'une religion solaire dans les différents cultes professées par les aborigènes. En outre il est si facile de se reposer sur le trop fameux oreiller si commode des découvertes et théorie des autres et de décrire *de visu* en copiant les descriptions de quelques auteurs sérieux ou non.

Je vais essayer de démontrer que le mythe solaire n'est pas le fonds de la religion, sinon une représentation exotérique de la croyance en un principe plus élevé.

Nous avons déjà démontré dans l'exposé de la religion des Quichuas et habitants anciens du Pérou que le Soleil n'était pas le Dieu, sinon une image représentative de ce Dieu. Que si l'on célébrait des fêtes en honneur du Soleil aux époques des solstices et équinoxes, ce n'était pas un culte religieux, mais bien une fête civile.

Cependant se basant sur ce point certains auteurs affirment que la religion des habitants primitifs et des aborigènes actuels est une religion purement solaire.

Leur erreur se base en ce qu'ils n'ont vu ou voulu voir que le culte professé par le peuple ignorant et n'ont pas réfléchi que pour faire comprendre un principe métaphysique à des enfants ou des ignorants, il faut le représenter par quelque chose de tangible et de matériel. Ils oublient ou ignorent que pour tous, même pour les plus élevés intellectuellemen, ii est difficile de se représenter quelque chose qui ne tombe pas tous ses sens.

Le Soleil physiquement, le Dieu du monde par sa lumière et sa chaleur était dans les meilleures conditions pour représenter un principe élevé, le Dieu suprême.

L'Inca Yupanki, dans son discours si heureusement conservé par ses critiques catholiques, indique clairement que le soleil n'est que la représentation du Dieu suprême, unique et régulateur de toutes choses.

Huayna-Kapak n'a-t-il pas dit : « Je te dis, « moi, que notre père le Soleil doit avoir un « autre maître plus puissant que lui, qui lui « commande de parcourir le chemin qu'il par- « court chaque jour sans s'arrêter. S'il était « maître et Seigneur il agirait bien quelquefois « à sa guise. »

Ces critiques disent à l'appui de leur affirmation que les Incas se donnaient comme fils du Soleil. On pourrait leur répondre : les Empereurs de la Chine se titulent fils du ciel et cependant la religion chinoise n'est pas une adoration du ciel. Dans les zones torrides, centre du puissant empire inca, le soleil est le Roi, le Brillant, le Puissant, en Egypte En-Rhe. Quoi d'étrange que des puissants comme les Incas, dans leur orgueil de caste, l'aient pris comme une représentation de leur pouvoir et aient fait croire au vulgaire en leur parenté avec cet astre puissant. De là à un culte officiel il y a loin, surtout quand on connaît la science astronomique que possédaient, dès les temps les plus anciens, les Amautas et les savants prêtres astronomes de toute cette partie de l'Amérique, de l'Argentina au Mexique. Cette science que nous avons prouvée ne peut plus permettre un culte astrolatre.

Nous savons en outre que pour les peuples anciens, selon leur degré de progrès intellectuels et scientifiques, la lune ou le soleil ont présidé à la division de l'année et que des fêtes nécessaires pour compléter les jours, résultat des erreurs de calculs, étaient célébrés avec beaucoup de pompe. Il est impossible d'admettre que chez un peuple qui a pu, par son sacerdoce ou ses savants, faire de pareils calculs astronomiques, l'astrolatrie soit resté une religion.

La base des religions anciennes et actuelles des peuples que nous étudions est un dualisme spiritualiste : le bien, le mal ; le jour, la nuit ; le soleil, la vie ; la lune, la mort. Le soleil représentait le bon principe, le Dieu de Lumière, le Tout-Puissant, la vie ; la lune, le mal, l'absence de lumière, la mort.

Les hommes parvenus à un certain degré de civilisation et de savoir, représentent des principes et non des dieux pour satisfaire l'ignorance du peuple. C'est l'exotérisme. Voilà ce qu'ignoraient ceux qui ont fait des peuples sud-américains anciens et modernes, des adorateurs de la lune et du soleil.

On pourrait dire que les nations qui peuplent le continent sud-américain sont astrolatres. Pas une nation, pas une province, pas une ville qui n'ait un soleil dans ses armoiries. Les Américains se souviennent de la grande civilisation de leurs aïeux et en manifestent ainsi le souvenir et leur origine en adaptant comme armes parlantes le soleil, duquel les princes incas prétendaient descendre.

Chez les Quichuas et peuples soumis aux Incas Ati et Huira-Kocha; Hualicho et Gunechen, chez les pampéens et araucaniens; Ainan et Tupan chez les Guaranis; voilà les croyances religieuses, le Mauvais, le Bon : le Destructeur, le Créateur.

Les Indiens araucaniens célébrent par des fêtes spéciales le retour des saisons qu'ils ne savent plus calculer. On offre au Hualicho les prémices.

Ils ont conservé la fête de la puberté qu'ils célébrent avec beaucoup de soins, exigeant du candidat des épreuves physiques très sévères. Chaque âge a ses fêtes et ses épreuves.

Ils croient à une autre vie, aux esprits bons

et mauvais, aux esprits des morts. Ils ont, comme leurs ancêtres, un culte spécial pour ces derniers. Ils croient que les bons esprits comme les mauvais, peuvent s'incarner, les uns pour faire le bien, les autres pour nuire. Les mauvais s'incarnent le plus souvent comme punition, et dans ce cas l'incarnation a lieu dans un animal.

Ils se considèrent comme composés d'un corps et d'une âme *Calul* et *Pulu*; quand le corps meurt, l'âme s'envole et va vivre en repos dans un endroit spécial HUENU-KAPU, *monde brillant*.

Généralement ils attribuent à chaque homme plusieurs âmes, ordinairement trois et quelquefois plus : celle du cœur, celle de la tête et celle des bras ; celle qui aime, celle qui pense et celle qui travaille ; la meilleure est celle du cœur. A la mort, elle devient *Poyé*, un bon esprit et va habiter les régions du ciel. Les autres se convertissent en esprits inférieurs, restent sur la terre où ils peuvent être évoqués par les sorciers. Cette croyance qu'on croirait sortie des temples de l'Inde, doit avoir son origine dans la région des Quichuas anciens.

Les indigènes croient que si quelques esprits supérieurs se transforment en animaux, c'est parce qu'ils se sont éloignés du Dieu suprême ; c'est une chute et un châtiment.

Certaines tribus des contreforts des Andes croient qu'après la mort l'âme peut rester sur la terre aussi longtemps qu'elle le veut, avant d'aller se réunir aux autres dans le séjour qui leur est destiné du côté du soleil couchant. La sépulture des morts est toujours orientée dans ce sens, la tête étant à l'orient.

Une tribu Guarani, les Charruas, voisine des Quichuas, disent qu'un de leurs ancêtres qu'ils nomment *Tomay* leur enseigna l'agriculture. Les jésuites profitèrent de la similitude du nom pour en faire St Thomas.

Selon les Araucaniens du Chili, PILLAN-TOKI, *l'esprit, le chef du ciel*, dès le principe du monde, réunit les nations et leur fit à chacune un don spécial ; aux unes la pêche, aux autres la chasse, aux autres la culture, etc. Il oublia les Araucaniens qui se plaignirent de cette injustice.

Nancu, esprit envoyé par le dieu Pillan-Toki, leur dit qu'ils n'avaient pas à se plaindre, car, en réalité, ils avaient la meilleure part, ayant le droit de prélever, selon leurs besoins, sur ce que possédaient les autres. Quand ils volent les animaux, ils prétendent ne prendre que ce qui est à eux.

Les tribus de la Patagonie (1) australe ont des menhirs et des dolmens qui leur servent d'au-

---

(1) Le nom de Patagonia est une preuve de la domination des Incas ; en quichua Patac-Hunia, pays des montagnes.

tels et pour lesquels ils ont un profond respect. Les habitants de la terre de feu ont un culte spécial pour les mêmes pierres.

Sans doute un souvenir de Kirka et des Pascheta des anciens Quichuas.

La conséquence de la croyance en un Dieu mauvais qu'il fallait apaiser a été la prière, le sacrifice, les cérémonies religieuses, en un mot le culte. De là la naissance d'un sacerdoce chargé de pratiquer les sacrifices et de faire des offrandes selon les rites les plus favorables.

Comme partout, les abus de ce sacerdoce ont poussé le peuple à rechercher les bons offices d'un clergé irrégulier, plus spécialement chargé de communiquer avec les esprits des morts. Les Araucaniens nomment AMPIFÉ le prêtre que l'on pourrait qualifier d'officiel, FILCU est le sorcier, mais le plus important des deux c'est la MACHI, la devineresse, la charmeresse, la droguiste, une espèce de vestale.

Chez les Guaranis, RUBICHA est le prêtre, ONANGÉ, le sorcier et CUNATAI la devineresse.

Les Quichuas ont conservé les mêmes noms que leurs ancêtres. Certains médecins se nomment encore Amauta; HUILKAS et UMU sont les prêtres, KAU le sorcier, KOYAS les droguistes curanderos; les *Kakauchu*, prêtres de la lune mauvaise, les mages noirs, n'existent plus. Ils ont été remplacés par la SIPAS devineresse.

Nous allons étudier les cérémonies religieuses qui président à la naissance, à la virilité, au mariage, aux maladies et à la mort. Nous y verrons intervenir le sacerdoce en ses trois ordres.

LA NAISSANCE

Les tribus araucaniennes et pampéennes, lors de la naissance d'un des leurs, ont un cérémonial spécial, tant pour la mère que pour l'enfant. Le jour même de la naissance la mère va au ruisseau le plus proche, quel temps il fasse, y fait ses ablutions et y lave son enfant. En arrivant au ruisseau, elle y jette des pieres noires si c'est une fille et des pierres de couleur plus claire si c'est un garçon. Ces pierres lui ont été données par la machi afin de rendre l'eau favorable a la mère et à l'enfant, les garantir des maladies et surtout dans le but d'éloigner le Hualicho.

Chez quelques tribus Guaranis c'est le père qui se couche et reçoit les condoléances des parents et des amis, tandis que la femme vaque aux soins de la maison et de son mari.

Chez d'autres tribus plus proches du Brésil, la mère ne doit sortir de chez elle que quand il y a lune. Elle porte son enfant dans un endroit écarté, le couche en pleine lumière, s'il dort c'est que la Lune l'a pris sous sa protection. Si non, elle prend quelques brins d'herbe et en frappe l'enfant jusqu'à le faire pleurer, afin de chasser le mauvais esprit plus fort que la Lune.

Chez les Quichuas, le jour de la naissance d'un enfant, le Koya le plus proche, après quelques cérémonies autour de la mère et du nouveau-né, passe au cou de ce dernier un collier de graines et de petites pierres Bézoard. La Sipas lui coupe sur le devant de la tête une mèche de cheveux; c'est un talisman qui doit l'accompagner jusqu'à la mort.

Les Araucaniens et Indiens des Pampas font une fête spéciale le jour qu'ils donnent un nom à l'enfant; C'est un *Cacquin*. L'affaire principale est de trouver le parrain. Une fois trouvé, celui-ci invite ses amis et se rend de bon matin avec eux au *toldo*, ayant soin d'emmener une jument grasse. Arrivés, ils renversent l'animal et lui attachent les pattes. Le parrain étend son poncho sur le corps de l'animal, y place si c'est un garçon des éperons, tous les invités y déposent aussi leur cadeau. Le parrain demande alors l'enfant, le prend dans ses bras et le place sur les cadeaux pour lui en faire prendre possession. Le prêtre, Ampifié, immole la jument, en donne le cœur au parrain qui y plonge la main et avec le sang fait une marque au front de son filleul; le père prononce le nom qu'il donne à l'enfant, le parrain et l'Ampifé disent ensemble « *ta tufa ghuy* » c'est ainsi qu'on te nomme. Toutes les personnes présentes répètent la même phrase.

Si c'est une fille la cérémonie est la même seulement les cadeaux sont en rapport avec son sexe.

Après la cérémonie on festine, on mange l'animal sacrifié et on danse.

Les Indiens, quand ils dansent ne se mêlent pas aux femmes ; celles-ci dansent à part. Les hommes abandonnent tout vêtement, ne conservant qu'une espèce de ceinture ou jupe très courte. Ils s'ornent la tête, le cou, les bras et les jambes de plumes de différentes couleurs, et dessins spéciaux. En dansant, ils forment des ronds concentriques, sans toucher son voisin. Selon la fête ou la cérémonie les pas et saluts sont différents.

La musique est assez rudimentaire, une flute à trois trous et un tambour plat ; cette danse est le *puel-purun*.

Les femmes dansent à part, entr'elles, la figure légèrement peinte. Elles sont généralement gracieuses, leur costume de fête est du reste très pittoresque.

La chevelure d'un noir bleu est tressée en mélangeant aux tresses des rubans de laine de couleur voyante, les *blancas* : chez les riches ces rubans sont brodés en perles d'argent, chez les autres en verroterie. Elles font avec une partie de ces tresses une coiffure relevée très originale, qu'elles recouvrent d'une coiffe ou résille en filet de perles de couleur, le *tapahué* qui forme diadème sur le front et retombe en franges sur le cou et les oreilles qu'elles ont ornées d'énormes pendants massifs en argent de forme trapézoïdale de cinq à six centimètres de cotés et souvent plus.

Le vêtement se compose de deux pièces d'étoffe de laine, qu'elles-mêmes tissent généralement de couleur indigo, avec encadrement d'une couleur plus vive. Avec la première elles s'enveloppent le corps, laissant les bras libres, l'attachent sur les épaules au moyen de deux broches en argent. Une ceinture, *quépigué*, de vingt centimètres de large, en cuir souple, recouvert de dessins capricieux de perles d'argent et de verroterie, la retient au corps et forme la taille. L'autre sert de manteau, en ramenant sur la poitrine les deux extrémités supérieures, retenues par une broche en argent de dix centimètres de diamètre, souvent fort bien ouvragée.

Les bras, les poignets et le bas des jambes sont ornés de bracelets en perles d'argent et verroterie. Elles ont en général les pieds et les mains d'une petitesse remarquable et d'une forme agréable.

Le cou est couvert de colliers en grosses perles

d'argent ou de verroterie, selon la richesse de la *China*. Le costume d'une Indienne riche vaut souvent plus de six cents francs.

C'est la *Cunatai* qui, chez les Guaranis donne le nom au nouveau-né. La famille se réunit autour de l'enfant couché sur un lit de plantes choisies par la Cunatai.

Les Yumanas, Guaranis du Brésil ont une espèce de baptême lors de la naissance d'un des leurs. Le prêtre récite des prières et verse de l'eau sur la tête de l'enfant.

Celle-ci au moyen de la fumée de tabac sauvage, nicotiana glauca, qu'ils nomment *palan-palan*, s'exalte et le premier nom qu'elle prononce dans son état de trance est le nom que portera l'enfant.

Le *Umu* Quichua assisté d'un Koya, brule dans la demeure de l'enfant des parfums et des plantes aromatiques, ils récitent des invocations et confirment le nom choisi par le père de l'enfant, le frappent d'un arc et d'une flèche, puis lui passent au cou une petite figurine de pierre et quelquefois de métal, talisman qu'il devra toujours porter.

Les Quichuas et les Guaranis dansent aussi mais chacun selon son génie. Le Guarani, sauvage, altier, indépendant ne connait que la danse guerrière, armé de son arc et de sa lance, Le Quichua, plus pacifique, surtout cultivateur, danse plus posément avec plus de calme et de cérémonie ; mais tous séparés des femmes, Le quichua ne se peint pas ; le Guarani le fait pour se garantir des moustiques.

PUBERTÉ

Les Araucaniens et Pampéens considèrent la force physique, la résistance à la fatigue et à la douleur comme une preuve de haute valeur. Ainsi dès l'enfance, l'Indien s'exerce à la lutte, apprend à manier un cheval, à le dompter ; dès l'âge le plus tendre le père le prend avec lui sur son cheval.

À la fête du printemps les jeunes Indiens qui ont atteint l'âge de quatorze ans, luttent entre eux, chacun présente au conseil nommé par le Cacique, un cheval dressé par lui sur lequel il fait toute espèce d'exercice, debout, couchés, assis. La lutte d'examen, comme on pourrait la qualifier, est destinée non seulement à démontrer l'adresse, mais aussi la résistance au mal physique. Voici en quoi elle consiste : Chacun des lutteurs après quelques passes de lutte à bras le corps, prend son adversaire aux cheveux, les Indiens les portent fort longs, et tous deux en tirant de toute leur force cherchent à se renverser. Celui qui résiste le mieux à la douleur est félicité et proclamé *toro* nom espagnol du taureau que les indiens ont adopté et par lequel ils désignent un homme courageux et dur a la souffrance. Cette lutte se nomme *loncotun*. Les indiens adultes l'emploient généralement soit dans leurs jeux, soit dans leurs rixes.

Après ces épreuves le jeune indien est considéré comme *hueché*, c'est à dire propre au combat. Il doit pourvoir à ses besoins et à ses armes qui sont : une lance de dix huit pieds ; un lazo, tresse de cuir de cinq à six mètres ; de plusieurs paires de *laqués*, boules de pierre lourde ou de métal retenues par une tresse de cuir.

Le fileu et la machi prennent part à cette fête. Par des fumigations et des danses ils chassent le Hnalicho afin que les luttes s'accomplissent sans accidents graves.

Avant la fête les ampifé ont été consultés pour savoir l'époque la plus propice. Rien d'important ne se fait sans prendre leur avis.

Le *hueché* a acquis le droit de se peindre. C'est le Fileu qui le premier lui trace sur la figure et le corps les lignes symboliques.

Quand la jeune fille est pubère elle en fait part à sa mère qui avertit la Machi. Celle-ci lui compose une médecine à boire selon les rites établis. La mère lui prepare un lit à part derière une pièce d'étoffe en guise de rideaux, lui ordonne de rester tranquille et surtout de ne regarder aucun homme. Ce réduit sert jusqu'à son mariage, sa chambre spéciale.

Le lendemain la machi et une parente la conduisent dans la campagne, la font courir aussi vite que possible, jusqu'à la fatigue. On l'enferme de nouveau et la machi lui fait prendre une nouvelle médecine. Au coucher du soleil, nouvelle course au dehors.

Le troisième jour, de très bonne heure, elle sort des toldos, pour ramasser du bois. Elle doit en faire trois fagots qu'elle place en différents endroits sur le chemin qui conduit à sa demeure. C'est le signe qu'il y a une femme utile dans la maison. On invite la famille et les amis pour célébrer cette bonne nouvelle.

Pour l'indien les filles ont plus de valeur que les garçons ; pour les obtenir en mariage il faut faire des présents et plus il y en a plus sera riche l'heureux père.

Chez les Guaranis, le jeune homme doit savoir manier la lance et surtout se servir avec adresse de son arc et de ses flèches.

Le *Rubicha* assisté du Caciuqe préside à la fête. Il fait une saignée à la langue et un tatouage sur la poitrine des vainqueurs, leur attache à la tête une couronne de plumes ornée de griffes de jaguar et leur peint la figure de deux cou-

La jeune fille qui a atteint l'âge de puberté porte un pagne consacré spécialement par la cunatai, au moyen de fumigations et d'enchantements. Elle lui perce les oreilles et introduit dans la plaie une plume rouge.

Avant l'âge de puberté, filles et garçons vont nus.

A la puberté d'un des leurs, les Quichuas célèbrent une fête purement familiale. Le Umu, convoqué à cet effet, en présence de la famille réunie, orne la tête du jeune homme de deux plumes de l'aile d'un épervier Allka-Mari et lui indique les devoirs qui incombent à sa nouvelle condition.

Pendant deux jours il doit jeûner sans rien prendre, pas même de coca, et malgré cela vaquer à ses occupations et faire des exercices gymnastiques, lever des corps pesants et les lancer aussi loin que possible.

Le troisième jour le Koya, le droguiste lui prépare une médecine qu'il doit prendre pendant quelques jours, ainsi que des bains de vapeur au moyen de fumigations aromatiques. Souvent le jeune homme se fait tatouer quelques signes sur les mains et autour des yeux.

La jeune Quichua, quand se déclare la puberté, est enfermée pendant deux jours dans une hutte construite à cet effet. Tout le jour des fumigations de baume Huaturu sont faites par la sipas. Le troisième jour, on réunit la famille, la sipas coupe la pointe des cheveux à la jeune fille, les brûle et lui en fait respirer la fumée. Elle lui met sur la tête la *Achan-Kara*, couronne de fleurs rouges et blanches, lui passe au cou un collier de perles de verroterie mélangées de Bézoar, comme préservatif des maladies inhérentes à son nouvel état. La mère lui donne le *peroru*, fuseau, comme preuve de sa capacité dans les affaires du ménage.

La sipas brûle la hutte en faisant des invocations à *Ati*.

MARIAGE

La polygamie existe, mais en raison des dépenses qu'il y a à faire pour se procurer une femme, les Araucaniens et Pampéens vivent généralement avec une seule épouse.

L'Indienne nubile est complétement libre ; personne ne la récrimine si elle s'abandonne à un amant ; jusqu'à un certain point, c'est une gloire pour elle d'avoir été courtisée, c'est une preuve qu'elle vaut quelque chose et qu'elle a du mérite.

Une fois mariée, elle est l'esclave du mari et l'adultère sera punie de mort.

Malgré la licence qui existe et la prétendue gloire attribuée à la jeune fille trop courtisée, ce serait une erreur de croire que la prostitution ou la promiscuité existent chez les tribus indiennes ; non, les cas de débauche sont excessivement rares et tout aussi rares les cas de filles-mères.

La femme mariée doit pourvoir par son travail, le tissage, aux vêtements de son mari, des enfants et aux siens. C'est elle qui s'occupe du cheval et doit conserver en bon état toutes les pièces de l'équipage de l'indien, qui, quand il ne chasse pas ou ne lutte pas, dort couché au soleil. C'est elle qui prépare le manger, c'est elle aussi qui dépouille les animaux destinés à l'alimentation de la famille.

Quand l'indien est assez riche pour s'offrir le luxe de plusieurs femmes, à tour de rôle une d'elles est de service pendant deux jours. C'est celle-là qui doit veiller à l'alimentation de la famille entière. La première femme est celle qui a le plus d'autorité sur les autres, même sur la favorite.

Les filles aident leur mère dans les travaux du ménage ; les garçons préfèrent s'exercer à la lutte et aux courses à cheval. La mère a sur eux très peu d'autorité.

Chez les peuples agriculteurs, les travaux à saison fixe réclament tous les bras valides, la paresse ne peut pas exister, sans cela tout fera défaut à la maison. C'est pour cette raison que la femme quichua est la compagne et non l'esclave de son mari qui travaille à la terre, tandis qu'elle s'occupe des soins du ménage et de la famille.

Les tribus guaranis du Chaco et du Brésil sont polygames. La femme est la chose de son mari, son esclave. C'est à elle qu'incombe tous les travaux, même de la culture des quelques plantes de maïs et de yuca qui servent à l'alimentation.

L'indien guarani chasse et dort quand il ne s'enivre pas.

Chez les Pampéens et Araucaniens, il y a trois façons de prendre femme, chacune d'elles accordant certains droits à la femme et aux parents. Celui qui a résolu de se marier en fait part à tous ses parents afin d'être aidé par eux dans les dépenses à faire. Ceci accepté, il leur indique le jour et lieu où ils doivent se réunir afin de demander la future, la *gulcha*.

Au jour fixé, avant le lever du soleil, toute la famille est réunie devant le toldo des parents de la future, chacun apportant en cadeaux ce qu'il peut, selon sa position. Trois d'entr'eux, les plus éloquents, sont délégués pour faire la demande. Si le père dort encore, c'est d'un bon augure. On fait grand bruit pour le réveiller afin qu'il s'apprête à recevoir la députation. Ceux qui la composent, avant de le saluer, déposent en entrant quelques cadeaux afin de le disposer en leur faveur; tous s'embrassent et se saluent. On expose le but de la visite et chacun des envoyés fait le panégyrique du mari, vante ses qualités et la puissance de la famille. Le père de la gulcha répond en énumérant les nombreuses qualités de sa fille et les avantages de l'avoir pour femme et, à court de louanges, leur dit de voir la mère afin d'obtenir son consentement à se séparer d'elle. Une fois son adhésion obtenue, toujours au moyen de cadeaux, ils reviennent traiter avec le père les conditions du mariage; c'est-à-dire de l'importance des cadeaux qu'il y a à faire. Son exigence est en raison, non du mérite de la fille, mais de la position et de la quantité des parents du futur. Une fois d'accord, un des délégués va faire part aux autres parents des résultats de la mission, des exigences du père et enfin les invite à se présenter.

Ils renversent alors les animaux qu'ils veulent offrir et leur tiennent les pattes; ensuite, en silence, chacun entre dans le toldo, dépose son cadeau et se retire. Tous se réunissent dans la cour en demi-cercle; à la tête duquel le futur prend place avec sa mère et ses plus proches parents. Au centre, on forme un siège élevé avec des peaux, des manteaux et des pièces d'étoffe; ce siège est réservé à la future. Son père, qui d'un œil scrutateur a évalué les présents, sort de son toldo, salue gravement et dit. Ma fille est dans la maison, prenez-la !

Les femmes présentes se lèvent et entrent en criant : Où est-elle ? où est la gulcha ? *Chuchi cam tami gulcha ?* Une parente de la future, jamais la mère, la présente la tenant par la main gauche, dit : *tuachi*, c'est celle-ci !

Souvent dans le but de faire une plaisanterie et de se faire donner quelque cadeau, la parente présente une vieille femme, en affirmant qu'il n'y a pas d'autre femme à marier qu'elle.

La gulcha, accompagnée de sa parente et de l'ampifé amené par le futur, tient dans la main droite un plateau en bois dans lequel elle porte une pierre verte *caru-cura*. Quand elle se présente à la porte du toldo, on doit la faire sortir de force. C'est généralement le futur qui se charge de ce soin. Elle lui offre la pierre *caru-cura* comme gage de fidélité et du pouvoir qu'il aura sur elle. C'est l'ampifé qui la lui donne.

Il l'a fait asseoir sur les manteaux ; alors les parents lui font leurs cadeaux qui consistent en colliers, bijoux et pièces de vêtement. On tue ensuite une jument ; l'ampifé en fait griller le cœur et la nouvelle mariée *curey* le distribue à tous les assistants, tandis que la machi fait les formules de consécration afin d'éloigner le Hualicho.

L'indien conduit sa femme chez lui et invite sa nouvelle famille à une fête où l'on dansera.

Cette façon de se marier est la plus en vogue ; tous sont d'accord, parents et futurs.

Si le marié se comporte mal vis-à-vis de sa femme, la maltraite et que celle-ci retourne chez ses parents, il n'a aucun droit sur elle et perd les présents faits.

Une autre façon de prendre femme est de réunir quelques amis, d'entourer le toldo de la gulcha et, avec le consentement des parents de celle-ci, l'enlever de vive force. Il est bien entendu que pour agir ainsi il faut donner davantage. Si la femme, pour une raison plausible, retourne dans sa famille, les parents sont obligés de la rendre au mari.

C'est la mère de la mariée qui donne la carucura, lors de la cérémonie.

Une autre manière est de se mettre d'accord avec la jeune fille, de l'enlever sans que la famille le sache. Cette méthode revient très cher : elle n'est employée que pour rompre un mariage qui ne convient pas à l'indienne. Quelques jours après le rapt, les parents du ravisseur vont trouver ceux de la *china* ; après les cadeaux d'usage, ils exposent les raisons, le grand amour qui les a obligé à agir ainsi, violant les droits des parents, etc. Les cadeaux sont, dans cette affaire, le point principal, quoi que quelquefois les choses tournent très mal et des luttes sanglantes, entre les deux familles, en sont la conséquence.

Quand les parents sont d'accord et satisfaits des présents, on fixe un jour et la cérémonie de la caru-cura a lieu en présence des familles réunies. L'ampifé ne prend pas part à ces mariages de violence.

Dans le cas de rapt, si la femme abandonne son mari et rentre chez ses parents, ceux-ci peuvent, oui ou non, la rendre tout en conservant les cadeaux.

La veuve indienne est aussi libre que la gulcha et personne ne peut l'obliger à se remarier. Les veuves, quand elles sont encore jeunes, sont très recherchées pour un nouveau mariage.

Lors de la cérémonie, la veuve qui se remarie offre à son futur une pierre rouge ou de différentes couleurs si elle a des enfants. Le mari n'a aucun droit sur elle, sinon en cas d'adultère.

Chez les Indiens, l'amour libre n'existe pas plus que la prostitution. Chez ses parents, une gulcha peut recevoir qui elle veut ; le fait d'aller chez un homme serait considéré comme un mariage avec rapt et l'amoureux obligé de faire les cadeaux d'usage et de contracter le mariage légal sous peine de vengeance de la part de la famille de la gulcha.

Les familles indiennes sont très unies et considèrent la solidarité comme base de la parenté. Nous l'avons vu lors des mariages. Dans un cas de vengeance légale, un rapt, par exemple, le coupable aurait sur les bras, non seulement les proches parents de la china, mais toute la famille, même à un degré très éloigné. Ces vengeances ne cessent que quand un arrangement amiable ou une compensation ont satisfait les exigences de la coutume. Chacun dans la Pampa est son juge. Les caciques n'ont de pouvoir que quand ils sont en guerre, et pour traiter les affaires de tribus à tribus. Les fonctions de juge ne leur appartiennent que pour concilier.

La cérémonie du mariage, chez les Quichuas, a quelque chose de plus élevé, de plus civilisé que chez les autres races indiennes.

Lorsque les deux familles sont d'accord et que les cadeaux d'usage ont été faits, lesquels consistent en coca et tissus, on fixe le jour de la cérémonie après avoir consulté la Sipas, pour savoir si ce jour est favorable. Sur sa réponse affirmative, on dresse un dais de verdure à l'entrée de la maison de la future où devra se célébrer le mariage. Dès le lever du soleil on y brûle des parfums sur un feu préparé à cet effet par le Vilka.

Vers le midi les familles se réunissent sous le

dais de verdure. Le père de la future distribue à chacun des assistants de la coca et la *Llipta* (pâte faite avec des cendres de quinoa et de la chaux), en répand sur le feu en la mélangeant avec des résines odorantes préparées par les Koyas. La mère, ou à son défaut la plus proche parente, présente la fiancée. Le père la reçoit, lui met dans la main une pierre bézoar et une petite branche ou un roseau qu'il brise en deux morceaux et dit : Je te remets au pouvoir d'un autre. Le Vilka lui place sur la tête une *Huincha*, ruban de laine de couleur rouge à laquelle est attachée une petite statuette en pierre ou en métal, souvenir évident des Kanopas de leurs ancêtres, les Dieux du foyer domestique.

Le futur lui attache au cou un ruban de laine bleue à laquelle pend une pierre verte *kakomer*. La mère lui ceint la Hukkau, ceinture que toute femme mariée doit porter ; elle est de deux couleurs, rouge et bleue.

Le Vilka, au moyen d'une cordelette, attache les deux futurs, leur explique leurs devoirs réciproques et appelle sur eux les bénédictions de Illa-Tiksi. Il répand de nouveaux parfums sur le feu, en fait trois fois le tour accompagné des mariés en faisant la prière suivante qui a surpris à un haut degré les missionnaires catholiques : « Oh ! Vivificateur du Monde, Toi qui « existes dès le principe et qui existeras jusqu'à

« la fin, puissant et miséricordieux, Toi qui as
« créé l'homme en disant que l'homme soit,
« garde-nous du mal, conserve-nous la santé et
« la vie. Es-tu au ciel ou dans la terre, dans les
« nuages ou dans les abîmes ? Ecoute la voix de
« celui qui t'implore et accorde-moi ce que je te
« demande. Donne-nous la vie éternelle et ac-
« cepte notre hommage (1). »

Il prend un charbon et brûle la cordelette en prenant dans sa main droite les mains droites des nouveaux époux, en leur disant : la mort seule doit vous séparer.

La *Huarmi*, la femme mariée distribue à tous ses parents et à ceux du mari des fleurs et de la coca. La cérémonie terminée, les nouveaux mariés sont accompagnés par les deux familles jusqu'à leur nouvelle demeure où on fête l'heureuse union.

Les Indiens Guaranis des tribus nomades du Chaco, principalement les Tobas, se marient sans grande cérémonie. Comme chez les Pampéens, les cadeaux sont le point principal. Le prix de la femme, lesquels consistent en peaux préparées et en viande fumée.

Le *Rubicha*, le prêtre, déchire un morceau du pagne de la jeune fille, le jette deux fois en l'air

(1) Cette prière est la même qu'à l'époque de la conquête espagnole, les Quichuas adressaient à l'Etre suprême Illa-Tiksi Huira-Cocha (*Montesinos*).

au Levant et au Couchant, et l'enterre aux pieds de la mariée. Tous les hommes présents dansent autour et chacun le piétine deux fois en criant : *Ananga ! Ananga !* nom de l'esprit ou dieu du mal. On fait des fumigations de tabac, on les fait respirer à la mariée jusqu'à ce qu'elle tombe. Les danses continuent autour d'elle aux cris répétés de Ananga jusqu'à ce qu'elle revienne à elle. Souvent elle a des visions, ce qui est d'un bon augure.

LES MALADIES ET LA MORT

Comme il est facile de supposer la thérapeutique des Indiens araucaniens est assez restreinte. Les simples, le sulfate de cuivre, l'alun, le soufre, quelques eaux purgatives naturelles, la saignée, la scarification *loco dolenti*, les bains de vapeur, la diète et le massage, voilà la pharmacopée. Ces médicaments sont employés par les machis. Il faut en convenir, elle sauvent tout autant de leurs clients que nos hauts spécialistes avec les médicaments à la mode.

La variole, soit à cause de la trop grande ventilation du toldo, soit plus tôt à cause d'une idiosyncrasie spéciale, et sans conteste la maladie la plus meurtrière ; aussi tous en ont une peur terrible qui leur fait oublier jusqu'aux liens les plus sacrés. On abandonne le pauvre varioleux à son mal : heureux sort, dans une hutte élevée exprès hors du village. On met à sa portée de l'eau et quelques aliments. S'il en échappe, tant mieux! s'il meurt on brûle tout, hutte et mort.

La machi elle-même se reconnaît impuissante comme droguiste ou enchanteresse. Le Hualicho est plus fort qu'elle. Cependant si on sait lui rendre la confiance, elle soignera avec dévouement les varioleux, comme deux l'ont fait en 1879, lors de l'épidémie de variole qui s'est déclarée dans le camp des Indiens prisonniers après l'expédition à la Pampa, épidémie qui a atteint aussi les soldats de la garnison de Guamini. Une d'elles avait été atteinte une des premières et guérie en peu de temps.

Non seulement les machis assistaient les varioleux, mais les mères et les sœurs des malades le faisaient avec beaucoup de courage, rassurées qu'elles étaient par les mesures hygiéniques prises, la vaccination, et surtout en voyant le chirurgien de la division, visitant et auscultant trois fois par jour, les malades, tant ceux déjà isolés que les cas nouveaux. Ces pauvres êtres arrachées au nom de la civilisation, de leurs villages par la force armée, dépouillées de leur avoir, à peine couvertes de misérables haillons qu'on leur avait laissés, étaient admirables de dévouement. Il fallait voir avec qu'elle délicatesse elles ouvraient les pustules au moyen des épines très aigues de la Cina-Cina, mouillées d'eau légèrement phéniquée.

Sur trois cent quatre vingt seize indigènes de tout âge, plus des deux tiers ont été atteints. Grâce à la vaccination et surtout aux soins des machis et des femmes indiennes qui étaient les infirmières, la mortalité a été très faibles ; vingt-deux, surtout si l'on tient compte de l'état syncrasique et pathologique dans lesquels tous se trouvaient.

Revenons à la thérapeutique des machis.

Quand une douleur articulaire ou autre n'obéit pas aux bains de vapeur et au massage, la machi emploie deux moyens: la scarification ou mieux une espèce de séton. Elle soulève la peau de la partie douloureuse, la pince et traverse la partie, pincée au moyen d'un couteau spécial *Ghuicuhué*, étroit et tranchant des deux côtés. On laisse saigner la plaie, puis on y passe un fil de laine mouillé d'eau salée. L'autre n'est employé qu'après les enchantements que plus loin nous décrirons ; il consiste en succions jusqu'au sang, faites par la machi et répétées plusieurs fois.

Les machis appartiennent a une initiation qui se transmet au moyens d'un noviciat très long et difficile, elles ne peuvent exercer avant l'âge de vingt ans au moins. Pendant le temps de leur noviciat elles étudient les plantes ; tous les cinq jours elles jeûnent un jour plein, sans nourriture qu'une infusion de *Cléef*, une graminée; elles accompagnent les machis dans les soins à donner aux malades ; elles pratiquent les massages. En un mot, si nous ne nous souvenions que nous sommes en pleine Pampa, et chez des sauvages ! comme il est de bon ton de qualifier nos frères inférieurs, nous dirions qu'elles appartiennent à un collège initiatique. Elles doivent rester vierges.

On choisit comme machi les jeunes filles qui sont plus blanches que leurs compagnes, plus précoces comme intelligence. En général les Indiennes jeunes sont très intelligentes, elles apprennent avec beaucoup de facilité tous les travaux délicats de broderie, l'écriture et même le dessin.

Les machis les plus vieilles et les plus expérimentées sont toujours avec les caciques, elles forment les professeurs enseignants *Leycuréchué*. Ce sont elles qui consultent les astres, les plantes, etc., afin de savoir si telle ou telle expédition doit se faire, si telle affaire doit s'entreprendre.

Elles ne reçoivent jamais de salaire pour les soins qu'elles donnent aux malades. Il est bien vrai que les cadeaux ne leur manquent pas, soit par reconnaissance, soit par crainte.

Pendant mon séjour aux frontières, j'ai pu constater que les machis connaissent les parties internes du corps humain, certaines veines et artères. Elle connaissent aussi l'antiseptie puisque toutes les plaies sont lavées à l'eau salée avant d'y appliquer les remèdes nécessaires à leur guérison : des plantes écrasées, le plus souvent mâchées. Elles ont reconnu que la salive est un puissant auxiliaire. Elles n'emploient pas les corps gras dans le pansement des plaies.

C'est pour s'assouplir les membres avant la danse, que l'Indien se frotte avec de la graisse, qu'il fait pénétrer au moyen de frictions énergiques et de massages.

Quand une artritite ou phlébite se déclare, elle est combattue par des applications de viande crue saupoudrée de soufre.

Il y aurait sur les simples employés par les machis des études très profitables à faire, au point de vue curatif. C'est difficile, elles conservent très secrètement les plantes sèches qu'elles emploient et il leur est défendu de révéler aux profanes leurs noms et l'endroit ou elles croissent. Elles emploient du reste presque toujours des plantes fraîches qu'elles recueillent pour le besoin.

Un soldat syphilitique, en traitement interne et externe depuis plus d'un mois, pour un herpès à la jambe, sans obtenir de bien sérieuse amélioration, a été guéri en cinq jours, au moyen d'herbes mâchées par la machi et appliquées par elle tous les jours sur l'herpès. Ni menaces, ni prières n'ont pu me faire connaître la plante ou les plantes employées.

J'ai vu plusieurs Indiens qui avaient eu les membres disloqués ou brisés ; en général ils ne sont pas plus déformés que ceux soignés selon les règles de l'art. On voit peu de béquilles dans la Pampa et naturellement moins encore de membres amputés. J'ai reconnu cependant une désarticulation du poignet bien cicatrisée qui indiquait tout le talent de la Machi qui l'avait pratiquée. Cette opération avait été faite à la suite d'une plaie par arme à feu produite par une vieille carabine qui avait éclaté dans la main d'un Indien peu habitué à cette arme. La ligature des vaisseaux principaux avait été faite avec des tendons d'autruche ; la lame d'un couteau chauffée à blanc servit de cautère pour arrêter l'hémorragie des petits vaisseaux. La suture avait été faite avec les mêmes tendons ; elle formait un fort bourrelet.

Les lavages à l'eau salée et les herbes machées ont été les seuls remèdes employés.

La désarticulation n'est pas une opération bien difficile, quand on sait que le travail de dépecer les animaux destinés à l'alimentation est fait par les femmes ; rien de plus facile à la Machi de s'exercer la main. Le patient supporte toutes les opérations, pour douloureuses qu'elles soient, sans se mouvoir et sans manifester la moindre souffrance. Ce qui évidemment facilite le travail de la Machi, dans laquelle tous ont une confiance illimitée.

Si elle ne réussit pas, c'est la faute au Hualicho. Et puis, comme tous les praticiens patentés ou irréguliers, mages ou sorciers, elle trouve le moyen de rendre le malade responsable d'un insuccès ; il n'aura pas employé les remèdes en temps utile ou de la façon indiquée.

Quand dans le cours d'une maladie, une Machi doute de son savoir, elle demande l'aide et les lumières d'une autre : c'est une *Trafman*, une consulte.

Quand nous traiterons de l'occulte, nous verrons la Machi employer le magnétisme, les passes, la suggestion.

La Machi, dans le traitement des maladies, pourrait être comparée, non pour le savoir, mais pour les privilèges, à nos praticiens diplômés. Malheur alors au pauvre Filcu, le sorcier blanc, le curandero, s'il se trompe et laisse mourir son client. Il sera responsable et souvent il paie de sa tête son peu de succès. Il suffira que la Machi, après avoir employé différents moyens occultes, déclare que la mort a été causée par un sorcier noir *Calcuu*, pour que celui-ci tombe sous le coup de la vengeance de toute la famille du défunt. Si au contraire, elle affirme que la mort est due à la maladie et que Hualicho en est l'auteur, le Filcu ne sera pas considéré comme un sorcier noir Calcnu et ne sera pas inquiété.

L'Indien attribue toute mort subite à un sortilège et la nomme mort noire *Curu-lan*.

Si c'est un Indien d'une certaine importance, le collège des Machis se réunit, consulte les astres, les plantes, les fumigations et surtout les somnambules, nous disons bien les somnambules, la plupart des Machis le sont ou le deviennent, comme nous le verrons plus loin. Après des pourparlers, des commentaires, les avis de l'ampifé, du cacique et de la famille, on déclare que c'est un tel qui est le sorcier noir, cause de cette mort. Si celui qui est ainsi accusé a un bon cheval, la fuite est son seul salut. S'il est atteint, il sera infailliblement mis à mort par la famille du défunt, s'il n'est pas brûlé vif.

Le médecin des tribus quichuas est le Koya, le droguiste. Sous son climat tropical, il est bien mieux doté en médicaments que son collègue, la Machi, réduite aux quelques arbustes et plantes de la Pampa. La flore médicinale est très importante dans le nord de l'Argentina et dans le Pérou. Le formulaire pharmaceutique des nations civilisées comprend un nombre infini de produits végétaux des zones tropicales : le quinquina, les baumes si nombreux, l'ipéca, le gayac, le vinal et mille autres étaient connus des Koyas et employés par eux du temps de l'empire des Incas et le sont encore actuellement de leurs successeurs. C'est de ceux-ci que les voyageurs et les naturalistes ont appris les vertus des plantes employées par eux.

Nier aux anciens Koyas la connaissance de la médecine et d'un formulaire très compliqué de moyens curatifs, serait faire preuve d'ignorance ou tout au moins de peu de raisonnement, à moins que le parti pris de tout nier aux anciens ne vienne ici fermer les yeux à la bonne foi.

Pour appliquer efficacement les remèdes, il faut connaître la maladie, en étudier les symptômes, comparer les effets produits par le médicament. L'empirisme d'abord, puis la certitude donnée par le succès.

Il est plus que probable que les anciens Koyas connaissaient l'anatomie, peut-être pas aussi complétement qu'on la connaît de nos jours. C'étaient eux qui étaient chargés de momifier les cadavres. Ils devaient vider les cavités splanchniques, partant les connaître, de même que les viscères qu'ils devaient conserver dans des vases distincts. Ils devaient connaître aussi le système artériel et veineux, car les momies conservées jusqu'à nos jours ont un air de vie qu'on ne peut obtenir que par des injections veineuses ou artérielles.

Il serait au moins étrange que chez un peuple aussi instruit en astronomie, en mécanique, en hydrographie et en métallurgie, la médecine et la chirurgie fussent seules restées en retard sur les autres sciences.

L'emploi des nombreux médicaments découverts par eux, beaucoup considérés comme des spécifiques par nos savants docteurs, implique certainement une étude approfondie des maladies et des symptômes combattus avec succès. L'usage de macher la coca en l'unissant à la llipta, pâte composée de cendres et de chaux, indique une connaissance de la chimie. On ne peut attribuer au hazard l'usage de cette pâte si peu agréable au goût. La Coca était à l'époque des Incas la seule monnaie ayant cours, en raison de l'importance physiologique qu'on lui attribuait et que nos Chimiste ont confirmée. Ils emploient pour isoler le principe actif, la cocaïne, à peu près les mêmes moyens qu'employaient les Quichuas pour la rendre soluble et l'absorber.

Le quinquina *Kina-Kina*, écorce par excellence, était journellement employé par les Koyas pour traiter les fièvres paludéennes, le *Chuchu* si nombreuses et si rebelles dans les plaines basses du royaume des Incas.

La syphilis était soignée et guérie par le Gayac, associé à la Salsepareille si commune dans tous les cours d'eaux. Les ophtalmies étaient guéries par une décoction de feuilles de *Vinal*, Prosopis ruscifolia. Ils guérisaient la morsure des serpents venimeux au moyen du *Huaco* (Mikania-Guaco),

Non seulement ils guérissaient la morsure des serpents, mais au moyen d'inoculations, ils se mettaient à l'abri des accidents possibles de nouvelles morsures. Avec la pointe d'un instrument tranchant, ils faisaient de légères incisions sur la poitrine, aux mains et aux pieds qu'ils frottaient avec le jus des feuilles écrasées du Huaco; ils arrêtaient le sang au moyen d'une compresse de coton. Ils faisaient avaler quelques gouttes du même jus.

C'étaient aussi les koyas qui connaissaient le secret de la fabrication du *Curare* qu'ils nommaient *Minu-Nakkak*.

Le magnétisme était aussi employé pour la guérison des maladies. Peut-être ce moyen curatif était il réservé aux Huilkas, comme paraît le prouver un bas relief conservé a Cuzco. Cependant presque tous les Koyas actuels prétendent encore guérir par l'application des mains et l'insufflation chaude sur la partie malade.

Le tabac était employé comme calmant, etc.

Si nous nous reportons à l'époque de la découverte de l'Amérique et que nous étudions l'état de la science médicale en Europe, on pourrait affirmer que les moyens curatifs étaient plus nombreux et employés avec plus d'efficacité et de savoir par les médecins Koyas que par les savants Européens. Il suffit de lire les formules anciennes si étrangement composées, qui encombrent encore les formulaires et codex pour voir que l'empirisme et le doute présidaient à l'emploi des médicaments minéraux et végétaux.

Nous avons déjà montré la similitude du nom des Koyas du Pérou et des Κωες de Samothrace, la similitude des rites religieux des cabires et des kanopas. Il serait facile de prouver que l'école des Koyas, mieux partagée, grâce à la flore si riche des tropiques, était plus avancée dans l'emploi des médicaments que l'école de Samothrace. Si nous considérons ces deux écoles dans leur mode curatif, nous y verrons certainement une origine commune sortant des centres initiatiques de l'Asie et peut-être de l'Atlantide.

En comparant la médecine quichua avec celle des Grecs, des Étrusques et des Hindous, il sera certainement facile d'établir leur filiation et leur origine commune. Travail que nous nous proposons de faire prochainement.

Les Koyas actuels ne sont plus en général que des curanderos et surtout des herboristes.

La conquête espagnole, au nom de la civilisation, a été pour eux un arrêt dans leur développement scientifique ; ils sont restés cependant, les vrais koyas, ce qu'ils étaient sous les Incas. Ce sont eux qui fournissent au commerce de droguerie, les écorces, les racines et plantes employées. Les curanderos parcourent l'argentina, le Chili, le Pérou et la Bolivie, le bissac au dos. Leur physionomie spéciale les fait facilement distinguer des autres indiens. Dans le bissac en laine, de différentes couleurs, *Huayakka*, il y a de tout, du bézoar, des gommes, des graines, des racines, tout y est mélangé. Pour chaque malade ils trouvent la plante nécessaire au milieu de ce *mare magnum*. Ils ont la précaution d'avertir le patient quand c'est un poison, car ils emploient une foule de remèdes externes.

En dehors du fameux bissac, ils ont des colis, souvent très volumineux, qu'ils font suivre à dos de mules ou en chemin de fer. Le Koya est inséparable de son bissac aux couleurs voyantes : C'est le symbole de sa profession. Il s'occupe bien un peu de sorcellerie, mais on voit qu'il ne sait pas grand chose et que c'est pour satisfaire le client.

Le plus souvent il achète dans les drogueries, en échange de ses plantes, les quelques colliers soit de corail, soit d'ambre, qu'il veux alors comme spécifiques aux paysans Argentins et Péruviens. La Cantharide est un produit tré recherché du Koya. Il en mélange la poudre avec quelques poudres aromatiques ; la Cascarilla odorante et le Sassapas et vend cela comme philtre d'amour *Huakanka*.

Il ne faudrait pas croire que la clientèle du Koya n'est fournie que par les paysans ignorants des campagnes. Dans les villes, même à Buenos-Aires, capitale de la nation, il n'est pas rare de rencontrer dans ses rues populeuses deux ou trois Koyas, le bissac au dos, à la file indienne, espérant être appelés par quelque malade plus confiant dans leurs remèdes que dans les formules des célébrités médicales.

Les Koyas sont beaucoup plus expansifs que les Machis. En échange de produits pharmaceutiques, connus d'eux, mais qu'ils n'ont pas, on obtient facilement le droit de visiter le fameux bissac, le nom et emploi de son contenu, ainsi que la nomenclature des maladies auxquelles ils s'appliquent.

Ce sont encore les Koyas qui embaument les Quinchas de haute lignée, tout comme leurs ancêtres le faisaient.

Certaines tribus du haut Pérou les Archidonas et autres, selon M. Charles Verner, (*Voyage de découverte des sources de l'Amazone en 1882*), embaumaient encore les cadavres.

Les Guaranis du Chaco emploient quelques plantes, mais la médication spéciale est le bain de chaleur. On creuse dans le sol une fosse de cinquante à soixante centimètres de profondeur, de la longueur du corps du malade. Le fonds est recouvert d'herbes aromatiques. Une hutte en feuillage recouvre le tout laissant à peine entrée pour le patient. Une fois celui-ci couché dans la fosse, le droguiste *Onangé* le recouvre d'herbes sèches et fait, aussi près que possible de sa hutte, avec des plantes aromatiques spéciales, des feux très vifs, qu'il entretient jusqu'au moment ou le malade, baigné de sueur, ne peut plus supporter la chaleur. Une fois les feux éteints et selon l'état de gravité du malade, il lui fait faire une course ou le flagelles avec des plantes herbacées.

Ce sont les Guaranis qui ont découvert les propriétés toniques de la *Caà*, herbe par excellence, (Ilex guaranensis) comme sous le nom commercial de Yerba Maté.

Les feuilles *torréfiées* et pulvérisées grossièrement se préparent en infusion dans une petite calebasse, un tube en argent sert à l'absorber.

L'usage en est général dans toute l'Amérique du Sud, et bien souvent dans la Pampa elle supplée aux vivres qui manquent.

Rien ne repose le cerveau fatigué par un travail intellectuel, comme une infusion faite à froid, pendant une demi-heure, de quelques grammes de Yerba et prise par gorgées au moyen de la *bombilla*, nom américain du tube employé.

L'analyse a démontré l'existence de la Caféine, de la Théine et d'un alcaloide spécial.

Les Guaranis employant aussi comme tonique le Guarana ou Paullinia, *Nangapiru*, qu'ils préparent avec les démonces du Paullinia Sorbilis de la farine de Manioc de la chaux et différents aromates.

Le Paullinia a été introduit dans la pharmacopée européenne en 1817 par Cadet de Gassicourt. Il est plus riche en caféine que le Café.

Le Nangapiru remplace la Coca chez les Indiens guaranis.

LA MORT

Les ancêtres des Indiens aborigènes embaumaient les cadavres ou les conservaient dans des grottes spéciales, aussi bien ceux des princes et des puissants que ceux des gens du peuple. C'était une loi générale qui avait pour base deux croyances religieuses : La réincarnation au moyen du même corps, après une période assez longue d'existence spirituelle et la possibilité, pour l'esprit, de souffrir dans l'au-delà si le corps souffrait à cause de la pression exercée sur lui en l'enterrant, La croyance en une autre existence post morten parrait aussi avoir contribué au cérémonial mortuaire. Les classes intelligentes croyaient à une existence spirituelle, tandis que le peuple ne voyait dans ce dogme religieux qu'une nouvelle existence matérielle, ou tout au moins avec les besoins matériels. De là les sacrifices, les offrandes d'aliments et surtout l'usage de placer dans la tombe, à portée du défunt, ses armes et ustensils.

Les écrivains catholiques anciens nous ont conservé peu de chose des cérémonies funéraires, les considérant comme d'absurdes superstitions. Cependant nous savons qu'à la mort d'un Inca, le palais qu'il habitait, le mobilier qui l'ornait, tout était respecté et abandonné jusqu'à son entière destruction ; son successeur se faisait construire une demeure à son goût.

Les cérémonies funèbres étaient imposantes. Les collèges sacerdotaux, le *Huillak-Umu*, grand-prêtre, chef du collège sacerdotal initiatique, en tête, ayant à sa droite le futur empereur accompagnant le cadavre embaumé par les Koyas selon les rites religieux. La momie revêtue des ornements royaux, couchée sur un lit de parade, était portée par les plus proches parents de l'Inca et par les hauts dignitaires de l'état. Les Amautas soutenaient un dais lammé d'or, au sommet duquel resplendissait l'image du Soleil.

Des cérémonies spéciales étaient pratiquées

par les Vestales, *Mama-Sipas*, dans les vastes caveaux Huakas, sépultures des princes décédés. Leurs momies rangées par ordre chronologique, ornées de leurs somptueux vêtements lamés d'or et brillants de pierreries, diadème en tête et la crosse de commandement en main.

La méthode des Koyas était telle que tous ces souverains morts depuis des siècles paraissaient doués de vie.

Sur l'autel où, tous les ans on célèbre la fête des morts, au solstice d'hiver les vestales avaient préparé le bûcher de bois aromatiques. Ces bois avaient été coupés par elles selon les rites et aux époques propices. Des guirlandes de fleurs et de feuillages formaient un dôme au dessus de l'autel et était couronné par un immense disque d'or, orné de rayons de même métal incrustés d'émeraudes sacrées, Uminna, représentant le Soleil, symbôle de l'origine divine des Incas, Ce disque, éclairé par les torches resplendissait comme un astre véritable. Ces vestales revêtues de leurs tuniques sacerdotales, en laine de Vigogne, réservée aux empereurs et au collège des Vestales, drapées dans la *Yacolla*, tenant dans la main gauche le rameau Sacré, *Pallka*, et s'appuyant de la droite sur une crosse ornée d'une double croix, formaient le demi-cercle en arrière de l'autel. La *Nusta*, la première (*Maxima*) dans un brasier ou cassolette d'or, *Manka-Sansa*, artistiquement ouvragé, conservait le feu sacré qu'elle droit présenter au nouvel empereur.

Des chœurs et des joueurs de Haycha, fifre, de Chayna, haute flûte, de Kékéna-Kéna, flûte à cinq trous, de Pinkullu, espèce de hautbois, de Képa-Képa, trompette, et de Chillchillés tambourins, occupaient les bas-côtés, attendant l'arrivée du cortège pour entonner les hymnes du rituel funèbre et une fois terminée la cérémonie, les chants en l'honneur du Sacre du nouvel Inca.

La corporation des Koyas, l'*ApusKépay*, en tête, couronnés de fleurs rouges et bleues, coupées selon les rites de Llama-Kanopa, drapés dans leurs manteaux rayés de différentes couleurs, attendant le cadavre pour le placer, selon les rites, dans la crypte réservée.

Les coureurs, *Chaskis*, annoncent l'arrivée du cortège.

Les Koyas, reçoivent la Momie, et le cortège suit de nouveau sa marche jusqu'à la crypte où sur un siège en or, l'Apus-Képay place le défunt revêtu des attributs royaux.

Le Huillak-Umu, prononce l'oraison funèbre, retrace la vie et les bienfaits de celui qui n'est plus, louant le bien et flagellant le mal ; il fait une invocation aux Kanopas et les prie de recevoir au Hana-Pacha l'esprit du mort, s'il a été bon et au Hukku-Pacha, s'il n'a pas rempli dignement sa mission de souverain.

Là, au milieu des ancêtres, il confère le pouvoir temporel à l'héritier du trône. Il lui place la couronne *Maska Paycha*, sur le front; lui ceint l'épée et la hache d'arme, *Champi*, puis le frappe de la crosse du commandement, *Yanti*, avant de la lui remettre, indiquant ainsi la suprématie du collège initiatique sur l'autorité royale. Il arrache ensuite deux plumes à l'aile du faucon sacré, *Allka Muré*, et en orne la couronne, le plaçant ainsi sous la haute protection de Illa-Huira-Cocha (¹).

La Nusta lui présente ensuite le feu sacré avec lequel il allume le foyer pour y bruler les parfums en honneur des ancêtres. Il fait la prière au Dieu suprême : « O Vivificateur du
« monde ! toi qui existes dès le principe et qui
« existeras jusqu'a la fin, puissant et miséricor-
« cordieux ! Toi qui as créé l'homme en disant
« que l'homme soit, garde-nous du mal, con-
« serve-nous la santé et la vie. Es-tu au ciel ou
« dans la terre, dans les nuages ou dans les
« abimes ? écoute la voix de celui qui t'implore
« et accorde-moi ce que je te demande. Donne

(¹) Le « *Le Milan des Brahmes* » était consacré à Vischnou et les plumes de ses ailes servaient à orner le diadème des xchatrias.

« nous la vie éternelle et accepte notre hom-
« mage. »

Les chœurs chantent les hymnes sacrés : les grands corps de l'état acclament le nouveau souverain. Le peuple s'associe à ces fêtes et forme d'immenses processions où chaque tribu, chaque corps d'état se distinguent par sa bannière, *Sanampa*, et par la couleur spéciale de son costume ou d'une partie de ce costume. Les réjouissances publiques durent plusieurs jours. On fête le nouveau fils du Soleil et le retour du mort au foyer paternel.

A la mort d'un grand-Prêtre Huillak-Umu, le collège sacerdotal initiatique sa réunissait et convoquait le collège des Amautas. Les deux Collèges réunis en assemblée plenière nommaient celui qui devait succéder au défunt. Généralement le grand-prêtre désignait son successeur, auquel il fallait cependant la sanction des deux collèges. On ne sait rien de la cérémonie de consécration, c'est un secret du sanctuaire qui n'a pas été révélé aux écrivains anciens.

Lorsque le nouveau Huillak-Umu était élu, les chaskis, en moins de soixante heures en portaient la nouvelle jusqu'aux confins de l'empire. Le jour de la cérémonie funèbre était annoncée en même temps. Tous les travaux cessaient, le peuple était dans l'attente d'événements désastreux ; car, à la mort de presque tous les grands prêtres, des signes célestes s'étaient manifestés, ou des tremblements avaient secoué la terre. Le peuple savait à quel degré de puissance était arrivé le Collège Initiatique.

Des députations de tous les peuples soumis étaient envoyées au Cuzco, des fonctionnaires publics les accompagnaient ; l'armée était rassemblée pour former la garde d'honneur.

Le Cadavre était confié aux soins des Koyas pour son embaumement et déposée au temple, qui était orné de feuillages et de fleurs.

Les cérémonies funèbres étiaent plus imposantes et plus luxueuses que celles en honneur chez les Incas.

Tous les joyaux symboliques des temples étoient portés en tête du Cortège, les chœurs chantaient des hymnes, les vestales vêtues de coton blanc, en signe de deuil, précédaient le cadavre, porté à dos d'hommes sur un siège richement orné, entouré des collèges sacerdotaux et des Koyas ; venait ensuite l'Inca, accompagné de toute la cour, puis l'armée et les corporations. Les chroniques indiquent plus de quarante milles personnes formant le cortège. La momie était disposée dans les caveaux réservés aux grands-prêtres, assise sur un trône et revêtue des ornements sacerdotaux.

Le Huillak-Umu, nouvellement élu faisait les prières d'usage, accomplissait les cérémonies du feu sacré et des parfums, ensuite on tuait un des faucons sacrés et des deux ailes on en ornait la tiare Llantu, en forme d'auréole.

Le deuil public durait dix jours. Des cérémonies funèbres étaient accomplies pour chaque citoyen. S'il appartenait aux classes élevées ou s'il était titulaire d'un emploi supérieur, il y avait plus de luxe, la foule était plus nombreuse, mais le rituel était le même pour tous. Il y avait le rituel du foyer, le familial et le rituel public. Le chef de famille, en présence des parents et amis du défunt, lui fermait les paupières en y appliquant deux disques de métal, puis lui attachait au cou la *Chanka*, petite statuette ou talisman en métal. Les Kanopas étaient invoquées ; on brûlait des parfums sur leurs autels, demandant leur protection pour l'âme qui allait se réunir à celle des ancêtres. Les membres de la famille et les amis, les uns après les autres, s'approchaient du cadavre et lui soufflaient sur la bouche et sur la poitrine.

Ensuite les Koyas embaumaient le corps et le jour suivant il était porté dans les caveaux destinés aux sépultures générales. La momie y était placée accroupie. Un prêtre accomplissait les cérémonies d'usage. Il brûlait des parfums, faisait les prières aux Kanopas, puis soufflait quatre fois sur la bouche du mort en faisant une invocation à Ati. Les plus proches parents en faisaient autant et tous se retiraient en silence.

Les Quichuas actuels célèbrent les funérailles avec une certaine pompe guerrière en dehors de leurs habitudes pacifiques. Le jour du décès le Huilka fait les prières, brûle les parfums en présence de la famille et attache au cou du cadavre une petite statuette en pierre. La famille fait le tour du mort, lui souffle sur la bouche et sur la poitrine, on le couronne de fleurs et les principaux de la famille le veillent jusqu'au lendemain.

Si bien l'usage général d'embaumer n'existe plus que pour les prêtres, les caciques les médecins; ils enroulent le corps dans une pièce d'étoffe avec profusion de baumes et de résines.

Le lendemain de la mort, les amis et parents armés de leur cuirasse de cuir cru, de la lance et de l'arc, accompagnent le cadavre qui est porté par les plus proches parents; quelques uns portent les armes et ustensiles du défunt, tous marchent sur deux rangs dans le plus profond silence. Arrivés à environ cent mètres du lieu de départ on fait halte, les plus proches parents forment le cercle, s'agenouillent et le Huilka fait une prière. La règle est de faire cinq haltes et prières avant d'arriver au lieu de Sépulture

La fosse est creusée de façon que la tête soit à l'orient. Le cadavre repose sur une claie et est recouvert d'une autre claie afin que la terre ne comprime pas le corps. On abat un arbre qui couvre la fosse de ses branches afin que les animaux ne dévorent pas le cadavre.

La famille et amis font le tour de la fosse et y jettent des branches et des fleurs. Le Huilka fait la prière déjà citée : O Vivificateur du monde etc. et distribue aux ayant droit, les biens du défunt.

Quelquefois une partie de pièce d'étoffe est coupée et distribuée par morceaux.

Si le mort est un cacique, un prêtre ou un médecin, toute la tribu s'arme en guerre et accompagne le mort qui est porté par les caciques voisins qui ont été invités. A chaque halte que l'on fait, les caciques seuls forment le Cercle, et on leur sert du Maté de Guaropo.

Quand le mort est un Huilka on orne sa tête des deux ailes d'un faucon.

Ils croient que les esprits des morts se réincarnent spécialement dans des membres de sa famille.

Ils prétendent qu'à la naissance de chaque individu, Ati tresse le fil de l'existence, que chaque tresse est terminée par une étoile. A l'instant de la mort le fil se rompt et l'étoile tombe. Ce sont les étoiles filantes.

A la mort d'un Araucanien ou d'un Pampéen la famille se réunit et pleure auprès du cadavre revêtu de ses meilleurs vêtements et couché sur son lit. L'Ampifé récite à haute voix quelques prières, fait le panégyrique du mort, relate ses bonnes actions et faits d'armes, si c'est un guerrier ; les vertus domestiques si c'est une femme. Il allume une torche faite d'écorce de Foyghé, espèce de Cannelier, ou de toute autre plante, si celle-ci fait défaut, fait deux fois le tour du cadavre en l'appelant par son nom. Les parents veillent le mort jusqu'au jour suivant.

La civilisation leur a apporté le vice des liqueurs fortes ; ils profitent de la réunion pour s'énivrer de genièvre, cette affreuse boisson d'alcool de grains, à peine rectifié, qui les rend furieux ou imbéciles.

Le lendemain, arrivent tous les parents et amis invités. La femme prépare le meilleur cheval du mort ; on sort le cadavre du toldo, on l'enveloppe tout vêtu dans un linceuil *Cumun*, puis on l'attache sur le cheval, couché en travers de la selle ; l'aîné des enfants ou le frère conduit le cheval en bride. Sur un autre cheval on charge le lit, les différents ustensiles et armes, sans oublier une provision de maïs et un peu d'eau. Le prêtre marche en tête du convoi, les proches parents suivent, puis vient le cheval et son funèbre cavalier, les invités et enfin le cheval chargé des ustensiles destinés au défunt. La fosse a été préparée au *Lagnelu*, cimetière, on y dépose le lit et sur celui-ci le cadavre, les armes et ustensiles à côté de lui ainsi que le maïs et l'eau. C'est l'Ampifé qui arrange tous les objets et chaque fois qu'il en place un il se dirige au mort et lui dit *Yapav*, c'est-à-dire ceci est pour toi. Il est difficile de traduire cette expression, qui est plutôt un toast, fort employé chez eux. (¹)

Ils ont la coutume avant de manger ou de boire quoique ce soit, d'en prendre entre le pouce et l'index une petite quantité et de le jetter à droite en disant : *Ghunéché Yapay*, pour Dieu !

On recouvre le cadavre d'une claie de fortes branches puis on tasse la terre audessus.

Autrefois on tuait sur la tombe le cheval préféré, mais maintenant les Indiens ne le font plus en raison de la rareté de ces animaux, décimés par une épizootie.

Tous rentrent au toldo du mort, le *Ghulmen*, cacique préside à la répartition aux ayant droit, des biens du défunt. On se console nouvellement avec du genièvre jusqu'au soir, où les hommes,

---

(¹) Quand ils veulent faire honneur à quelqu'un, ils remplissent un vase, soit de Chicha soit de genièvre, le boivent en disant Yapay et en offrent un autre à l'invité qui fait de même.

parents et amis, se peignent le visage de blanc et dansent le *Prau*, danse de deuil. Pendant dix jours, au lever du soleil, la veuve ou le plus proche parent, répend sur la tombe de la *Chicha*, boisson fermentée faite avec du maïs.

Tous les enterrements se font selon le même cérémonial, avec plus ou moins de pompe si le mort est un puissant ; le cortège sera plus nombreux et on le civilisera d'avantage avec le genièvre.

A la mort d'un cacique de Tribu on fait un jeûne général, on immole des animaux et quelquefois des prisonniers de guerre. Tous les sujets mâles adultes changent de nom, afin que si le mort revenait il ne puisse les reconnaître et les obliger à lui obéir puisqu'ils doivent déjà l'obéissance au nouveau Cacique. Il est d'usage aussi de ne jamais désigner par son nom le cacique mort.

Le jeûne est une pratique générale de deuil.

L'enterrement d'un jeune enfant a quelque chose de Mystique. Ils croient que l'Ame d'un enfant est pure et retourne près du *Ghunéché*, le Dieu suprême.

Ils couvrent le cadavre de fleurs naturelles, si la saison le permet, sinon de fleurs en papier ou en étoffe de couleur, l'exposent sur un escabeau orné de feuillage. Les femmes s'accroupissent en rond et chantent les avantages qu'il aura dans l'autre existence et combien il est heureux de ne pas souffrir les misères de cette vie. La nuit se passe en chants et en danse, les femmes seules. Elles se peignent la figure de raies rouges et blanches. Lors de la dernière danse elles jettent sur le petit cadavre des fleurs et du feuillage. Le lendemain c'est la mère qui le porte à la sépulture commune, accompagnée de toutes les parentes et amies auxquelles se joignent quelques Indiens. Le prêtre récite les prières et place le cadavre dans la fosse avec les fleurs et le feuillage en lui disant *Yapay*.

Pendant dix jours la mère apporte des fleurs et répend du lait sur la tombe.

J'ignore si cette coutume est ancienne chez les Indiens ou s'ils l'ont prise des civilisés ou si ceux-ci l'ont adoptée des Indiens.

Autrefois, dans toute l'Argentin et maintenant seulement dans la campagne, à la mort d'un jeune enfant, *Un angelito*, un petit ange, comme on le dit on fait un *Velorio*. veillée de mort. Le petit cadavre orné de fleurs, assis sur une petite chaise, est placé sur une table où brûle une profusion de lumière. On choisit la plus grande chambre. Du matin au soir la guitare invite à entrer. On danse et on boit, c'est une vraie fête qui presque toujours dégénère en orgie. La joie est si grande du bonheur probable de l'Angelito, ou mieux le désir de se divertir est si fort, qu'on prête le petit ange dans d'autres familles et même dans des auberges pour suivre la fête jusqu'au moment ou la putréfaction oblige à l'ensevelir.

Si les Indiens ont pris cette coutume, ils ont compris, mieux que les civilisés, le respect dû à la mort, puisque chez eux cette fête qui est toute familiale, ne dure que la veillée et à laquelle les femmes seules prennent part. Les civilisés en font une fête publique ou la débauche sous toutes ses formes, se satisfait. Nous avons oublié d'ajouter que tous les Saints, Saintes, reliques etc de la maison et des voisins entourent l'Angelito et paraissent présider à cette bacchanale catholique.

Que c'est beau la civilisation ! et comme cela sonne bien de qualifier nos pauvres frère Indiens de sauvages et de barbares !

Nous traduisons d'un livre très original du Général Lucio V. Mansilla « Una escursion à los Indios Ranqueles » :

« . . . . . Mariano, (le cacique) m'invita à entrer dans son toldo, m'enseignant le chemin : il m'offrit un siège et s'assit à ma droite. Entrèrent des Indiens, ses amis, qui s'assirent en face de nous.

« Un toldo c'est une espèce de hangar construit en bois et en cuirs. La charpente est en bois, le toit et les côtés sont recouverts de cuirs cousus avec des nerfs d'autruches. Au faite il y a une ouverture par où s'échappe la fumée et se fait la ventilation.

« Les Indiens ne font jamais de feu en plein air. Quand ils sont en chasse ils couvrent le feu. Le feu et la fumée dénoncent l'habitant de la Pampa ; le feu est un phare et la fumée un signal.

« Tout toldo est divisé en deux sections d'alcoves, à droite à gauche, comme les cabines d'un navire. Dans chaque alcove il y a un pliant, avec matelas de peaux de moutons. A côté de chaque lit il y a un sac en cuir de cheval, dans lequel chacun garde ses affaires. Dans chaque alcove couche une seule personne.

« Les Indiens font toujours lit à part.

« Comme tu le vois, ami Santiago, l'aspect que présente le toldo d'un indien est plus attrayant et consolant que celui que présente la chaumière *rancho*, d'un *gaucho*, paysan. Et cependant le gaucho appartient à la civilisation. Sont-ce alors des sauvages ? quels sont les vrais caractères de cet état ?

« Dans le toldo de l'Indien il y a des divisions pour éviter la promiscuité des sexes, il y a des lits, des sièges, marmites, plats, couverts, etc et une infinité d'ustensiles qui démontrent coutumes et besoins.

« Dans le rancho du Gaucho tout manque.

L'homme, la femme, les enfants, les frères, les parents et amis, tous vivent et dorment dans la promiscuité la plus grande. Quel spectacle pour la morale !

« Généralement le rancho manque de porte. Tous s'asseyent par terre, quelque fois sur un morceau de bois, le plus souvent sur un crâne de vache. Ils n'ont ni plats, ni couverts, rarement ils font du pot-au-feu, faute de marmite ; s'ils le font ils boivent le bouillon à même la marmite qu'ils se passent de main en main. Ils ont une cafetière, objet qui ne manque jamais, parce qu'il faut faire chauffer de l'eau pour le Maté. Elle n'a jamais de couvercle parce que c'est trop de travail de l'oter et de le remettre.

« Le rôti, *el asado* se fait au moyen d'une tige en fer ou en bois et se mange, en se brulant les doigts, avec la même dague qui sert à tuer son semblable.

« Que c'est triste tout celà, mon cœur saigne en le disant ; mais il faut briser l'orgueil de notre vaniteuse civilisation. Il faut l'obliger à faire des comparaisons ...

« J'avais intérêt à apprendre à compter en araucanien et il résultera que mes lecteurs et toi cher Santiago, vous saurez compter en une langue de plus.

Un — Quine,

Deux — Epu.
Trois — Cla,
Quatre — Méli,
Cinq — Quichu,
Six — Cayu,
Sept — Kolghé,
Huit — Pura,
Neuf — Aylla,
Dix — Mari,
Onze — Mari-Quine,
Vingt — Epu-Mari,
Cent — Pataca,
Mille — Kuaranca,

Cinquante se dit Quichu-Mari, deux cent Epu-Pataca, huit mille, Pura-Huaranca.

« Ceci prouve deux choses : 1° Que dès l'instant qu'ils ont la notion abstraite d'un nombre de beaucoup d'unités comme un million, qu'en leur langue ils nomment *Mari-pataca-Huaranca*, ces barbares ne sont pas si barbares qu'on voudrait le faire croire.

2° Que leur système de numération est égal à celui des Allemands, comme on peut le voir par l'exemple de *Quichu-mari*, qui veut dire cinquante, mais grammaticalement c'est cinq-dix.

« S'il y en a qui s'attristent de ce que notre système est presque semblable à celui des Ranqueles, qu'ils se consolent. Les allemands comptent leurs soldats tout comme les Indiens les leurs !

Quand meurt un Indien Guarani, toute la famille se réunit et se met à crier à qui mieux mieux, afin, disent-ils de rappeler l'âme du défunt. Le corps est roulé dans l'écorce du *Nandipa*, ou *Hira-Yapacariy* (Pistacia Guaramiensis) et lié au moyen de lianes. Les plus proches parents se peignent la figure de raies de différentes couleurs et dansent jusqu'au jour autour du cadavre. Le défunt est porté à la sépulture commune, espace réservé dans la forêt, où les cadavres sont suspendus aux branches. Le Rubicha fait une invocation à Tupan et avant de se retirer appelle plusieurs fois le mort par son nom.

Si l'Indien est riche on tue une jument blanche et on festine.

L'OCCULTE

La Religion et quelques cérémonies religieuses des aborigènes anciens et modernes nous sont connues. Nous avons évité dans cette étude de faire intervenir le Mage et le Sorcier, quoique généralement l'un ou l'autre et souvent l'un et l'autre aient une part active dans les cérémonies familiales depuis la naissance jusqu'à la mort.

Presque tous les voyageurs et historiens ont

confondu sous la dénomination de Sorcier et quelque fois de médecin, les trois ordres qu'avec soin nous avons étudiés et auxquels est attribuée leur part spéciale. C'est une erreur aussi de confondre sous le terme général de Sorcellerie et superstition, la religion et les coutumes religieuses. Le prêtre, le Sorcier et le médecin ont chacun leur intervention et participation à tous les évènements importants de l'existence de l'Indien de la famille et de l'état.

Il nous reste maintenant à aborder la question, grosse de difficultés, de *l'occulte*.

Mais tout d'abord qu'est-ce que l'occulte ?

L'occulte, en terme général, est l'ignoré, le caché, l'extraordinaire, c'est en réalité le savoir, la Science. L'occulte c'est la science qu'ignore le vulgaire. C'est la science des possibilités, c'est la science qui cherche avec d'autres vues que celles de nos savants officiels ; trop savants pour croire que le pauvre Machi de la Pampa soit capable de produire certains phénomènes physiques et psychiques qui mettraient à néant bien des théories, savantes il est vrai, mais établies sur une seule des faces des possibilités. Leur dignité scientifique et l'espèce d'arche sacro-sainte de la science officielle seraient rabaissées si un Koya se présentait à eux et leur disc : Dans la nuit de la tradition, nos ayeux pratiquaient, dans l'intérêt de tous, la Chimie organique, aujourd'hui à peine sortie de l'enfance chez vous. Les Koyas du temps de la splendeur des Incas avaient découvert le procédé qu'aujourd'hui vous employez pour isoler les alcaloides. Ils associaient la chaux et les alcalins, aux plantes médicinales qui composaient leur pharmacopée. Que faites vous de plus ? Êtes-vous capables, sans analyser les produits aromatiques que nous employons, d'embaumer des cadavres qui après plusieurs siècles aient encore les apparences de la vie ?...

Nous aimons la Science, nous nous inclinons devant elle, nous reconnaissons sa toute-puissance dans ce qu'elle *Sait*. Mais nous la blâmons dans ses représentants qui nient ce qu'ils ne savent pas. En général ils puisent leur savoir des livres de savants dits officiels, leur prédécesseurs, ils contractent ainsi l'habitude de ne penser que par les autres, ce qui à la fin annihile en eux la faculté de raisonnement. A force de collationner et de collationner dans leurs cerveaux et quelquefois dans leurs écrits les aphorismes de ces savants plus ou moins profonds ils finissent par se trouver très embarrassés du plus simple fait non prévu et en dehors des données admises. Leur seule ressource est de nier jusqu'au moment, où, aveuglés par l'évidence ils seront forcés de confesser leur ignorance, ce qu'ils ne feront qu'après avoir essayé d'étudier ce fait sous un autre nom, grec ou latin, et de le présenter comme une découverte.

Nous le répétons, nous aimons et respectons la Science, mais non celle confinée dans une académie, sans hiérarchie, ou restreinte par une coterie.

La Science doit étudier tout, elle doit étudier sans orgueil, sans parti pris et sans idées préconçues, de négation quand même.

Que de brillantes découvertes perdues pour l'humanité par le mauvais vouloir scientifique des académies officielles.

Les académies actuelles ne sont que les restes dévoyés des sanctuaires anciens. Elles devraient comme leurs devanciers, étudier tout, par les membres ou par les chercheurs, rendre public ce que peut être utile à l'humanité et conserver dans les arcanes de l'occulte les découvertes qui pourraient, entre les mains criminelles, être un péril pour tous, mais cependant en recompensant les chercheurs de leurs labeurs et dépenses.

La Science occulte est divisée en science physique : l'étude du phénomème et des lois qui y président, en science psychique : l'étude du Noumème et des principes qui président aux lois qui le régissent. Elle a toujours été transmise par une initiation spéciale et rigoureuse qui réclamait des études très sérieuses. Les épreuves, même chez les peuplades les plus arriérées du Chaco sont d'une sévérité extrême, afin de ne confier les secrets du caché qu'à ceux qui donnent une preuve réelle de savoir, de moralité et de fermeté de caractère,

L'occulte est en résumé la Science cachée, la Science du caché et la Science qui cache. *Scientia occulta*, *Scientia occultati*, et *Scientia occultans*.

Pour beaucoup la Science occulte n'est autre chose que la *Magie* bonne ou mauvaise : la magie est la Science sacrée ; la sorcellerie avec tout son apanage de philtres est le Sabbat.

Plus un peuple a progressé, plus sa civilisation est élevée intellectuellement et moralement, plus l'occulte sera Savant.

Ici nous devons affirmer que jamais la Science occulte n'a été l'apanage égoïste des Mages ni des Initiés. Ils la conservaient comme un dépôt pour la livrer aux humains, leurs frères, au fur et à mesure que le niveau général de l'intellectualité était assez élevé pour comprendre, et la moralité assez développée pour ne pas abuser.

Non seulement ils conservaient la Science acquise, objet de l'initiation, mais ils étaient obligés d'étudier et d'acquérir de nouvelles données scientifiques. Selon le degré d'initiation, les études étaient conduites et contrôlées par un collège spécial ; les résultats pratiques étaient divulgués selon leur utilité et le progrès général.

La Religion, la philosophie et la physique : l'étude de la Divinité, le culte à lui rendre, l'étude des lois qui régissent l'univers, telles étaient les sciences synthétisées dans la Science occulte.

La Science occulte était l'avant-garde de la civilisation et la gardienne de la sécurité publique.

Soit à cause d'un prétendu progrès égalitaire par en bas, oubli de la hiérarchie, soit à cause de la loi même du progrès, faussée, en ce Sens que le progrès, tout intellectuel, sans que la moralité générale, basée sur la solidarité ait progressée, dans l'actualité nous voyons les découvertes les plus terribles mises entre les mains des non progressés. La dynamite que fait-elle ? Nous ne le voyons que trop. Si elle peut être utile dans la lutte de l'homme contre la nature, pour rompre les rochers et ouvrir des routes, elle est la ruine et la mort entre les mains de nos frères dévoyés par l'exagération factice d'une civilisation plus factice encore.

Triste époque que la nôtre, de pur mercantélisme où la gloire du Savant se chiffre non à savoir, mais à faire savoir qu'on sait et à supputer ce que telle découverte rapportera financièrement, sans en calculer les dangers. Les Initiés, les Savants anciens chiffraient leur gloire à savoir et leur orgueil de Savant n'allait pas plus loin que la satisfaction intime de travailler pour le progrès réel de l'humanité et de communiquer à leurs pairs leur découverte, résultat de leurs études. Les collèges décidaient si le secret devait être conservé dans les Sanctuaires ou bien s'il n'y avait pas danger de divulguer. Des serments solennels liaient les Initiés.

Le secret professionnel et le serment prêté par quelques corporations scientifiques sont un souvenir des anciennes initiations.

En voyant le progrès scientifique si grand, on est tenté de se demander si l'occulte existe encore, si la Science cachée, la Science du caché et la Science qui cache, a encore sa raison d'être.

Elle existe et a plus que jamais sa raison d'être. Ce sera elle qui recevra dans son sein les orgueilleux de la Science, les divulgateurs à outrance, les égalitaires quand même, quand ils verront le mal que leur orgueil a produit, quand ils verront l'anarchie, aberration de la liberté et de l'égalité, prête à faire sauter le monde entier au moyen des explosifs qu'avec une rage de divulgation égale aux désirs de destruction, ils ont mis à la portée de tous.

Ils comprendront, trop tard, que l'égalité es

un mot, et que les théories égalitaires actuelles ne sont que le nivellement par en bas. C'est la tête qui doit diriger et quand elle l'oublie, elle est prise de vertige et au lieu de conserver sa position élevée, elle tombe au niveau des pieds.

Ils comprendront que la solidarité est quelque chose de plus sublime que cette prétendue égalité qui ne peut exister ni un seul instant sans réduire à néant la loi du progrès.

Ils comprendront que l'Initiation antique, si bien elle laissait à tous liberté d'étudier et d'apprendre sans distinction de caste, elle élevait le savant vers les sommets de la hiérarchie sans pour celà perdre elle-même de la suprématie.

L'oubli de la hiérarchie est la cause prémordiale des difficultés sociales actuelles qui travaillent toutes les nations. L'homme social, pour vivre en paix avec ses semblables, doit obéir à des lois qui régissent, selon les milieux et les progrès intellectuels et moraux, les droits et les devoirs réciproques. Les apôtres de l'égalité à outrance oublient trop que, malgré les progrès immenses acquis, malgré le nombre déjà grand des personnalités progressées, malgré les institutions savantes qui guident l'humanité civilisée, celle-ci n'est pas encore arrivée au point de comprendre la réciprocité, premier échelon de la solidarité.

Aux enfants il faut des tuteurs pour les conduire et des maîtres pour les instruire.

Est-ce avec les divisions gouvernementales, source de haine entre les nations que l'on peut admettre l'égalité ? Est-ce le progrès que de dépenser en armements formidables les revenus des nations pour les précipiter les unes sur les autres, avec plus d'acharnement et de haine que les animaux carnassiers sur leur proie. Il faut faire des hommmes sociaux et moraux avant de leur donner les armes de la science!

Nous suivrons le même ordre pour l'étude de l'occulte que celui suivi pour l'étude des religions.

Dès les temps les plus reculés, même au de là de la tradition conservée par les Amantas, existaient les ruines des temples des *Atumurunas*. « Ils faisaient, nous dit Herrera, des sacrifices
« dans leurs temples, consultaient le destin et
« écoutaient les réponses des démons qui se
« manifestaient aux prêtres désignés à cet effet.
« Il y avait parmi eu beaucours d'augures qui
« se vantaient de connaître ce que signifiaient
« les signes des étoiles. Ils célébraient des mys-
« tères dans des souterrains sous des voûtes
« qu'ils construisaient à cet effet ».

En décomposant le mot Atumurunas on y trouve : *Ati*, la lune, *Umu*, prêtre, *Runa*, homme, homme adorateur ou prêtre de la lune donc les Atumurunas étaient les adorateurs de la lune.

Ati, nous le savons, était la première représentation du culte officiel des Quichuas ou mieux des premiers Pirhuas, elle avait pour symbole la lune qui présidait alors à l'année civile. Son culte était double : la lune en son plein, la bonne, la bienfaisante, la resplendissante ; la lune en son déclin, la mauvaise, celle qui consent aux crimes de la nuit, celle qui préside aux altérations de la raison et à l'aggravation des maladies.

Tiahuanaco était déjà, dès les premiers Incas, les ruinés d'une cité immense habitée anciennement par les Atumurunas. Tous les historiens de la conquête ont reculé l'érection des édifices de ces ruinés jusqu'à la limite des temps historiques du Pérou et nulle des races qui précédèrent les Incas n'avait connu le peuple qui les avait construits.

Cieza de Léon qui fut le premier à les décrire exprime en toute sincérité l'admiration profonde que lui causèrent ces « grandes antiquailles ». — « Et nommément une grande
« antiquité laquelle on tient pour seûr que elle
« feut faicte avant que le seigneur Ynga regnast
« sur cette terre. Les murailles qui encores
« demourent approchent beaucoup en appareil
« et solidité de construction à celles-là que
« laissèrent les Romains en Espaigne. Et sont

« aucunes des pierres de cestuy édifice de Tia-
« guanaco très gastées ià et consumées par l'aage,
« et toutes fois il y a pierre enmy elles qui sont
« pour estonner tout le monde ; car encore que
« ie m'admire comme elles ont peu estre soubs
« levées et mises en place à cause de leur lour-
« deur et pesanteur, si ne puis-ie garder de
« n'admirer plus encore voyant comme elles
« sont bien taillées et façonnées en forme de
« corps humain, qui feurent les idoles et faux
« dieux de cette gent-là. Bien est vray que de
« soubs terre se estendent de grands souter-
« rains et caves fort profondes ; ains veoyt-on
« au ponent de cestuy lieu plus grandes anti-
« quailles, comme portes fort grandes, avec
« leurs gonds, seuils et lintels, tout d'une pierre
« seule. Toutes fois ce qui plus me estonne est
« veoir comme tant grandes que feussent ces
« portes, néantmoins faisoyent saillie de leur
« édifice autres pierres plus grandes encores,
« sur quoi y estaient les premières assises, et
« desquelles aucunes avoyent trente pieds de
« long, et de large quinze et plus, et six de
« front, et que, avecques la porte, sans parler
« des gonds et seuils estoyent tout d'une pièce
« seule, chose bien admirable et d'estrange
« grandeur, laquelle ne peut sçavoir avecques
« quels outils et ferrailles elle feust travaillée.
« Au dedans de cet édifice, on véoit un retraict

« en manière de chapelle, et, emmy ce, une idole
« de pierre, et si contait lon que feurent là
« trouvés travaux en or et choses précieuses.
« Par tout le voisinage, demourent couchées à
« terre maintes pierres très travaillées. »

Il est permis de supposer que ces temples souterrains aussi magnifiquement décorés étaient un souvenir des anciens temples de l'Inde qui tous étaient creusés dans les montagnes.

Ati Killa était la lune bienfaisante, elle était le Dieu suprême qui présidait aux saisons et aux périodes civiles, son culte constituait la *Fête des eaux*.

Challuni et les sacrifices qu'on lui faisait étaient les primeurs des fruits et des recoltes.

Le culte de *Ka Ata Killa* la lune mauvaise était horrible, on lui sacrifiait tous les prisonniers de guerre et des jeunes gens étaient élevés dans les temples pour être sacrifié lors des fêtes et mystères de cette terrible divinité.

Nous avons essayé, par l'étude des coutumes religieuses de démontrer que les Quichuas étaient des Ariens nous allons continuer la démonstration de notre thèse.

Conservé par les races grecques et latines le mythe d'Até, garde la même forme et presque le même nom ; en effet le mot Exàrn est pour Ἐξ — àrn, aggrègation de racines assez semblable à celle de Avàra qui veut dire d'Até par Até. Que ce mythe d'Hécate soit antérieur ou postérieur à Homère, les Grecs y virent toujours un emblême de la lune décroissante, la mort, de même au Pérou Tüa huanaco était le temple de la mort, des mystères de la mort. De là vient que les Pélasges de la Grèce et ceux de l'Amérique tenaient Exain pour déesse du monde souterrain et maîtresse dans les arts magiques et les enchantements. L'Hécate des Grecs, dit Jablouski, est la lune, l'Isis irritée qui accable les humains de maux, et il ajoute qu'Hécate des Grecs est indentique à l'At-hor des Egyptiens, car chacune de ces divinités est une divinité de l'obscurité et des ténèbres.

Le sens fondamental de la racine At et Att dans les langues aryennes est celui de distance, de mystère, de destin, de chûte, de même qu'en quichua ; sous la forme Ati elle a une signification analogue avec une certaine nuance à *tromper en fraude*. Si nous passons à la langue des Pélasges nous rencontrerons le mythe d'Até l'un des plus anciens parmi ceux que chantait Homère. Até était dans l'Olympe hellénique une divinité déchue qui avait été précipitée du ciel à cause de ces intrigues et de ses perversités. Il sera facile aussi de prouver l'identité de l'Athéné des Grecs avec l'Ati péruvien. A'θήνη veut dire en grec force de la lune tout comme en quichua *Ati-Ina*. Athéné Ἀγελείη, celle qui conduit les troupeaux comme *Atti-Killa*.

Ayant prouvé l'identité des différents mythes Greco-pélasges et Quichuas nous devons conclure à l'identité des pratiques.

On sait peu des mystères égyptiens, grecs et latins, peuples qui ont laissé des archives ou tout historien peut puiser ; des ruines couvertes d'inscriptions sont encore là pour nous apprendre le passé de ces peuples. Mais un serment scellait les lèvres des initiés; rien ne reste, sinon dans la tradition initiatique, des rites secrets des grands et petits mystères.

Combien il est plus difficile de savoir quand il s'agit d'un peuple qui a été pillé par des ignorants fanatiques, par des marchands avides qui ont lingoté tout objet en or ou en argent, qui aurait pu par ses ornements symboliques aidé à pénétrer les arcanes du passé. La difficulté est bien plus grande encore quand on sait que le langage écrit, les Quipus, est encore inconnu.

Il ne reste que la tradition conservée en partie par des personnes intéressées à fausser les faits au profit de leur fanatisme religieux. Grâce cependant à ce fanatisme ils ont conservé, pour les critiques, quelques cérémonies religieuses, et ont fulminé contre certaines pratiques qualifiées de suppertitions. Quelques statues, quelques bas-reliefs restent aussi pour nous éclairer dans nos recherches, mais tous appartiennent aux époques pirhuas. Tous les travaux artistiques depuis la période incasique étaient en or et en argent, proie trop tentante pour ces marchands avides, qui n'ont vu dans leur avarice de conquérants que la valeur en lingots de ces magnifiques travaux d'art.

« Les Incas avaient, dit Sarmiento, des jar-
« dins artificiels dont le sol était composé de
« mottes d'or façonnées à l'imitation des mottes
« de terre ; ce terrain était planté de maïs dont
« les tiges, les feuilles, les épis étaient d'or ad-
« mirablement travaillé ; des lamas de grandeur
« et de forme naturelles avec des bergers, le
« tout en or fin, sans compter une multitude
« d'objets sculptés. »

« Les services de table et des cuisines, les
« fontaines des palais des Incas étaient, ajoute
« Gomara, formés d'or et d'argent incrustés
« d'émeraudes. Les salles de leurs palais étaient
« remplies de statues en or de taille gigantesque
« et contenaient les figures de tous les animaux
« arbres et plantes, comme l'assure Cieça de
« Léon. »

Au Cuzco, existe un bas-relief assez bien conservé, des ruines de Tüahuanuco, qui représente un prêtre debout, les mains étendues à la hauteur de la tête d'un homme assis et endormi; un autre fait le même geste sur la poitrine d'un homme couché. Pour ceux qui connaissent le magnétisme, ils reconnaîtront facilement que les deux prêtres magnétisent des malades.

Si on ne sait rien de bien certain des mystères Quichuas, on n'ignore pas cependant que les prêtres initiés et sans doute aussi les Amautas, étaient très savants, car des faits historiques conservés par les chroniqueurs indiquent la possession de moyens scientifiques très élevés.

Quand les collèges des Huilkas et des Amantas ont voulu renverser la tyrannie du Pirhua Titu Yupanki, afin d'avoir de leur côté le peuple et d'éviter des déchirements sérieux dans l'administration des affaires publiques, ils firent apparaître des signes dans le ciel qui par leur forme extraordinaire indique une intervention toute humaine.

Nous savons que cet empereur n'obéissait plus à la hiérarchie sacerdotale, puis qu'il s'était réservé le droit de fixer l'époque des fêtes et des saisons. « Deux comètes apparu-
« rent, l'une avait la forme d'un lion, l'autre
« celle d'un serpent. Effrayé par cet événement
« et par deux éclipses successives de soleil et
« de lune, le roi réunit les Amautas pour les
« consulter. Ceux-ci consultèrent les idoles et
« le démon répondit par leur bouche qu'Illatici
« voulait détruire le monde à cause de ses

« péchés, qu'il avait envoyé pour celà ce ser-
« pent et ce lion qui allaient dévorer la lune.
« A cette réponse les prêtres ne purent retenir
« leurs larmes. Ils firent retentir l'air de leurs
« gémissements, et l'on alla jusqu'à battre
« les enfants et même les chiens pour leur
« faire aussi jeter des cris ;car ils croyaient
« que les larmes de ces innocents pouvaient
« seules attendrir Illatici, qui les aime beau-
« coup. Les soldats prirent les armes et firent
« résonner leurs tambours et leurs trompettes ;
« ils lancèrent des pierres et des flèches du
« côté de la lune, dans l'espérance de blesser
« le lion et le serpent ou du moins de le
« effrayer, car ils craignaient, si ces animaux
» la dévoraient, *comme les Amautas l'avaient*
« *dit*, de rester dans l'obscurité, et qu'alors les
« outils des hommes ne se transformassent en
« lions et en serpents, ceux des femmes en
« vipères et les métiers à tisser en tigres et
« autres animaux féroces ; Enfin une insur-
« rection détrôna la dynastie qui se réfugia au
« sein des Andes et resta cachée de longues
« années. » (*Montesinos*)

La caste des Amautas éleva au trône un de ses membres *Lloke-Tiksa Amauta* textuellement: *le fondateur de l'élévation des Amautas.*

Si la ruine de la dynastie Pirhua n'avait pas profité aux Amautas il serait téméraire peut être de leur attribuer ces signes si étranges de comètes en forme d'animaux. Ils profitèrent évidemment des deux éclipses, qu'ils savaient calculer pour faire coïncider l'apparition des autres phénomènes célestes, qui devaient augmenter la frayeur du peuple et mettre ainsi leur responsabilité à couvert dans le renversement du pouvoir suprême.

Les mêmes chroniques nous font savoir que chaque fois qu'un empereur cherchait à secouer le joug hiérarchique des Collèges sacerdotaux, des phénomènes célestes venaient le faire rentrer dans l'ordre.

« La ville de Cuzco était remplie de crainte
« et d'effroi. Toutes les nuits on voyait des
« météores et des comètes. Le roi affligé ne
« cessait d'offrir des sacrifices aux Dieux,
« mais les sorciers et les prêtres déclarèrent
« d'un commun accord que les entrailles des
« victimes n'offraient que de mauvais pronos-
« tics et que le *Chilhi* (mauvaise fortune) se
« déclarait contre lui ; Une révolution s'en sui-
« vit et le roi fut tué dans une bataille. C'est
« pendant ce bouleversement que se perdit
« l'usage des lettres et de la commune écriture.
« On conserva l'écriture secrète des Quipus
« dont les seuls Amautas avaient la clef. Ainsi
« la caste sacerdotale qui y trouvait son
« compte fit tout son possible pour entretenir

« cette ignorance. Entre autres réponses que
« les prêtres transmirent à l'un des rois *Topa-*
« *Kauri-Pachakutek,* s'en trouve une ou il dit
« que l'usage des lettres avait été cause de la
« peste et que leur retablissement occasionne-
« rait beaucoup de malheurs. Le roi défendit
« donc, sous les peines les plus sévères de se
« servir de *Quilcas* (parchemin préparé pour
« écrire) ni de feuilles de bananier non plus que
« de tracer aucun caractère (1). Cette loi fut si
« strictement exécutée que jamais depuis on
« n'employa les lettres. » (Montesinos).

Cependant les Incas avaient conservé l'usage des lettres comme le prouve le fait de que soixante ans avant la conquête, Huainakava écrivit son testament sur un baton rayé de haut en bas,

Huainakava était le père des deux derniers Incas Huaskar et Atahualpa.

Nous avons vu que les collèges sacerdotaux et spécialement les Amautas, avec leurs songes, pronostics et phénomènes célestes avaient eu le pouvoir d'effrayer peuples et rois et de changer les dynasties selon leurs intérêts.

C'est sous Tupak-Yupanki que s'est accompli la déchéance des Amautas. Ils firent aussi

---

(1) Selon de Humboldt, *Cosmos,* les anciennes médailles ibériques ont des lettres très semblables aux caractères gravés sur les monuments de Tiahuanaco.

apparaître des Comètes, rouges de sang, en forme d'épée, et conspirèrent avec le frère de l'Inca pour le renverser du trône. Celui-ci déjoua leurs projets, s'empara des chefs, les fit mettre à mort et réduisit les Amautas a la seule charge d'astronomes

Son fils Sinchi-Roka, qui lui succèda eut aussi à lutter contre les Amautas qui excitèrent contre lui « les sorciers et les devins dit Herrera, « qui passaient leurs journées à fabriquer avec « certaines herbes des compositions magnifi- « ques qui rendaient fous ceux qui en man- « geaient et les femmes en faisaient prendre soit « dans les aliments, soit dans la Chicha à « ceux dont elles étaient jalouses. Sinchi-Roka « remit en vigeur les anciennes lois qui ordon- « naient de brûler les sorciers. »

Une stèle représente un Inca la tête baissée, en face de lui se tient debout un prêtre secouant ses vêtements sacerdotaux. Nous savons qu'en Grêce c'était la façon de maudire.

Selon Herrera « les prètes d'Ati consultaient « le destin et écoutaient les réponses du démon « qui se manifestait aux prêtres désignés à cet « effet... Il y avait parmi eux beaucoup d'au- « gures qui se vantaient de connaître ce que « signifiaient les signes des étoiles etc. »

Cette citation nous indique deux branches de la science occultes pratiquées dès les temps les plus reculés : l'horoscope, l'astrologie et la médiumnité active des prêtres « désignés à cet effet », tout comme dans les temples de l'Inde de la Grèce et de l'Egypte.

Pour toute personne, sans parti pris, il est évident que les collèges sacerdotaux tant des Pirhuas que des premiers Incas, possédaient une science qu'ils ne communiquaient que sous le sceau de l'initiation. Nous en aurons la preuve si nous retrouvons les mêmes pratiques chez tous les peuples qui faisaient partie de l'empire et existe encore aujourd'hui qui dans les restes dispersés et dégénérés de cette grande civilisation sud-américaine.

Comme la politique des empereurs était toute de conciliation et de paix, ils avaient admis dans la grande confédération qui formait leur empire, tous les peuples soumis avec leurs coutumes et religions. Il résulte tout naturellement qu'à côté du culte de la race dominante il y avait différentes religions et cultes tolérés et pratiqués.

Pour le sacerdoce officiel les prêtres de ces religions étaient des sorciers *Kakauchu*, sorciers paysans, *Kau*.

Les Atumurunas étaient les prêtres attachés au culte d'Ati, le plus ancien des Quichuas ; ils étaient sans aucun doute les chefs d'un collège initiatique très puissant qui dirigeait les terribles mystères d'Até. Il est plus que probable qu'à ces mystères se rattachaient des Sociétés secrètes tout comme chez les autres races aryennes, que nous il est resté des secrets de ces « Sorciers » ?

Il est assez difficile de savoir si telle ou telle pratique occulte appartient aux uns ou aux autres : Nous allons citer les plus importantes ;

Toutes les masses populaires qui habitaient l'empire usaient de talismans et vénéraient comme des Dieux la plus grande partie des objets qui marquaient par leur provenance quelqu'affinité avec les éléments et les forces vitales de la matière terrestre ou atmosphérique.

Un des objets principaux de ce culte était la pierre ; non seulement ils la considéraient comme base du globe terrestre et comme telle, principe interne des phénomènes de la vie, mais encore la tenaient pour matière céleste et divine. De même que la pierre aérolithe tombe du ciel et paraît lancée par les astres, de même, suivant eux, le globe que nous habitons était jadis tombé des profondeurs du chaos dans les régions au sein desquelles il gravite. On doit aussi attribuer à cette croyance le culte qu'on rendait à la terre sous le nom de RUMI (Pierre). On adorait en elle trois choses : La *Vertu* interne et inépuisable qui la reverdit sans cesse et lui permet de produire les phénomènes de la vie ; la *Force* immuable qui la maintient inébranlable, et enfin son *origine atmosphérique* en tant que matière élaborée par Dieu même, dans les profondeurs de l'espace. Aussi, considéraient-ils les morceaux d'aérolithes qu'ils ramassaient, comme des fragments de la matière divine. Dans un temple, du Cuzco, on conservait un énorme aérolithe auquel on rendait un culte spécial et pompeux. C'était aussi au Cuzco que se trouvait *Kopa-Ira*, stalactite que les anciens vénéraient comme un Dieu. Son nom, du sanscrit *Kup*, courvrir et *Ira*, suc divin, indique le pourquoi de cette vénération. Une source d'eau chaude très calcaire produisit et augmentait cette stalactite. L'émeraude était adorée et des temples splendides avaient été élevés en son honneur. On la nommait Uminna, *la substance divine verte* ; sa dureté, son éclat en faisant le symbole de la terre qui reverdit toujours, En outre ils avaient remarqué qu'en la frottant elle attirait les corps légers.

Après l'émeraude la pierre qui jouissait de la vénération la plus grande était le bézoard, qu'ils trouvaient dans l'estomac des ruminants : Guanacos, Llamas et Vigognes. Ils y voyaient la substance vitale de la terre, ils la considéraient comme formée par une affinité de la vie élémentaire avec la vie animale au moyen de la vie végétale. C'était un des agents les plus employés de la thérapeutique populaire.

Cette pierre avait un nom qui montre l'étendue des connaissances physiques des Koyas, ils l'appelaient : la substance éthérée, la lumière *Illa* en grec ὑλη.

De même que les catholiques se signent au passage d'une rivière pour éviter les accidents qui pourrait les surprendre durant le trajet, les Quichuas emportaient dans leurs voyages de la poudre de bézoard consacrée et des fragments d'aérolithes, afin d'écarter les génies des fleuves qu'ils avaient à traverser. Ils nommaient *Kokompa*, certaines pierres qu'ils jetaient comme offrande dans les rivières. Agir autrement serait, à leurs yeux, provoquer la colère des êtres surnaturels qui vivent au sein des eaux.

Pascheta sont des monticules de pierres élevés dans les Andes à Hirka; les sommets des montagnes, la tête de la terre. Tout passant doit y ajouter une pierre en disant : « Offrande
« pour donner de la force à notre mère, la terre,
« puisque c'est elle qui nous nourrit. »

Baldaeus, *description du Coromandel, Ceylan*, etc., à propos de la religion des habitants de Ceylan :

« Outre cette divinité qui a la tête d'éléphant,
« on trouve souvent le long des chemins de pa-
« reilles têtes dans des niches. On y trouve
« aussi très fréquemment des monceaux de pier-

« res sur lesquels les passants et les voyageurs
« en jettent de nouvelles. »

C'était la coutume pour se garantir des mauvais présages, *Tapia*, qui se présentaient pendant les voyages, de ramasser trois pierres et de les jeter devant soi afin d'éloigner *Chiki*, la mauvaise chance. Les Athéniens avaient la même coutume, quand ils rencontraient sur leur chemin des choses considérées par eux comme de mauvais augure. Les Hindous de Ballasor le font encore aujourd'hui.

A la pierre, emblème de l'immutabilité et de l'éternité de la masse terrestre, ils donnaient le nom de Rumi, identique à Ρώμη, *Roma*, *Ruma*, par lesquels les Pélasges de la Grèce et de l'Italie désignaient la solidité, la force et la pierre.

Le culte de la pierre fut commun aux races les plus anciennes du globe. Moïse en parle dans la Genèse comme de la première des idolâtries. Les Pélasges, qui, selon M. Ampère, élevèrent autour de la Rome carrée *Roma quadrata*, la première enceinte de murailles derrière lesquelles s'élabora lentement la puissance romaine, l'appelèrent Roma, non seulement parce qu'elle s'élevait sur une colline de granit, mais aussi parce qu'ils construisirent en granit la ceinture qu'ils lui donnèrent. Le système de construction, tel que le décrit cet auteur, présente par son plan, par la grandeur et la pose des pierres une ressemblance frappante avec le système employé par les anciens Quichuas : on dirait l'œuvre, non seulement d'une même race, mais d'un même architecte. Les ruines de Tüahuanuco sont là pour le prouver.

Le culte de la pierre dura à Rome jusqu'au temps des Césars. Saint Augustin nous dit que de son temps le Palladium secret de la cité n'était qu'une petite pierre de forme obscène qui pourrait bien tenir dans le creux de la main. C'était, croyait-on, le Palladium antique de Troye. Pour l'obtenir du roi de Pergame aux mains duquel il était tombé, la république envoya en ambassade le frère du premier Africain. Le roi eut peine à se détacher de ce trésor et fit valoir cette cession comme un acte des plus méritoires. La pierre fut portée en grande pompe au temple de la Victoire.

Les catholiques n'ont-ils pas sur leurs autels une pierre qu'on oint chaque année durant les cérémonies des fêtes de Pâques.

Héliogabale n'a-t-il pas introduit à Rome le culte pompeux d'un aérolithe qu'il fit venir d'Emèse, en Syrie, célèbre par son sanctuaire consacré au soleil, duquel il était le grand-prêtre.

A la Mecque, dans la Caaba, on conserve un aérolithe de forme carrée.

Dès les temps des Pirhuas et des Incas, dans

les tours élevées aux confins des provinces de l'empire, *Marka*, on conservait très secrètement les Kanopas, et des morceaux d'aérolithes consacrés.

Nous trouvons encore ici identité de croyances et de pratiques entre les Aryens du vieux monde et les Quichuas.

Tous les talismans étaient consacrés par les différents collèges sacerdotaux. Des cérémonies spéciales attachaient à ces amulettes les propriétés requises, sans lesquelles le talisman était sans valeur.

C'était surtout à l'époque du déclin de la lune qu'avaient lieu ces consécrations. Des danses spéciales, *Huaynuni*, danser en joignant les mains, auxquelles prenaient part les intéressés, commençaient la cérémonie. Les prêtres, APU-IHHUALLA, maître de la pierre lourde, déposaient les amulettes à consacrer sur un autel aux pieds du symbole du Dieu Kun, un énorme aérolithe, vénéré dans un temple magnifique au Cuzco. Des sacrifices de pains de maïs, *Kanku*, étaient faits pour se rendre la divinité propice dont le symbole disparaissait sous les fleurs apportées par les fidèles. Un prêtre consultait le destin au moyen des feuilles des plantes sacrées, *Kauchuni*, afin de savoir si le Dieu était favorable à la consécration.

Si nous nous en rapportons au Kauchuni,

employé encore aujourd'hui, cette divination consistait : 1° à prendre au hasard plusieurs tiges de *Kapu* (Baccharis incarum); on les comptait deux par deux ; s'il n'en restait pas, c'était l'affirmative. 2° On mélangeait les tiges et on les jetait en l'air, puis on réunissait les tiges dont l'extrémité inférieure était à droite, on procédait aussi par paire ; 3° on choisissait une tige et on comptait les feuilles deux par deux, comme dans les cas précédents. Le résultat des trois opérations était la réponse demandée.

Tout était fait avec un cérémonial imposant en prononçant des formules spéciales qui en rehaussait le mérite aux yeux du public et nous ajouterons que tous les talismans consacrés dans de pareilles conditions de pompe cérémonielle étaient certainement dotés de vertus très importantes.

Il y avait un autre Kauchuni ; il fallait un sujet spécial, probablement un prêtre actuellement c'est une jeune fille non pubère. Elle doit jeuner pendant un jour; on la couronne avec l'*Achan-Kara*, fleurs rouges et blanches très odorantes d'un cactus, puis on lui fait respirer les feuilles de *Achura* légèrement écrasées. Cette plante produit presqu'instantanément un sommeil extatique pendant lequel la jeune fille répond aux questions qui lui sont posées. Nous taisons le nom scientifique de ces plantes, on comprendra pourquoi. La tribu des Mahués, qui habitent les cascades du Tapajos, affluent de l'Amazone emploient aussi cette plante en la mélangeant avec de la farine de Manioc et de la chaux ce qui constitue le *Niopo*. Pour s'en servir, on rape une petite quantité de cette pâte et au moyen de deux tuyaux de plumes réunis par la base, introduits dans les narines on aspire cette poudre.

Voici d'après le voyageur déjà cité M. Charles Werner, l'effet produit : « L'individu qui
« 'aspire cette poudre éprouve comme une se-
« cousse électrique, les yeux lui sortent de la
« tête, son corps tremble, il est pris de vertige,
« tombe comme un homme ivre et devient litté-
« ralement fou. Mais cet accès violent est bien-
« tôt passé, notre homme se relève, reste plongé
« dans une espèce d'hébétude pendant laquelle
« il a des visions et est susceptible de répondre
« à des questions. La crise dure environ une
« demi-heure. L'indien est alors plus fort et a
« plus de résistance à la fatigue. »

Revenons aux cérémonies de consécration. Si nous en croyons la chronique des auteurs espagnols ces cérémonies étaient aussi imposantes par la pompe et le luxe déployés que par le nombre de prêtres qui y prenaient part. L'effet sur le peuple devait être saisissant et certainement que les prêtres ne perdraient pas l'occasion d'augmenter leur prestige par la production de quelques phénomènes incompris du vulgaire.

Les temples élevés en honneur de Uminna étaient les sanctuaires des Apu-Huakak, maîtres invoquants, fameux par la consécration des petites statues Chanka, qu'on attachait au cou des momies.

Le temple métropolitain sur le Rimac, était d'une richesse éblouissante, les murs étaient recouverts d'émeraudes. Une foule immense, venue des confins de l'empire, assistait aux cérémonies annuelles de la consacration des Chanka.

Rien n'a été conservé du cérémonial, seulement les chroniqueurs disent que les Apu-Huakak étaient de « puissants Magiciens ».

Il y avait aussi les Huattuk, prêtres astrologues qui prophétisaient par les astres. On ne doit pas les confondre avec les Amautas qui étaient les prêtres astronomes. Avant chaque expédition guerrière on consultait les Huattuk. C'étaient eux qui indiquaient les jours heureux et malheureux. Les particuliers les consultaient aussi sur leurs affaires.

Probablement à l'ombre de ces temples vivaient les Achikas, espèce de devins de rang inférieur.

Si nous en croyons Zamorra « c'était dans « les temples de l'ancien culte de *Kun* que le

« *Sua-Kun* prophète de Kun, apprit aux peu-
« ples de la Kundinamarka à se peindre des
« croix sur leurs manteaux afin de vivre sanc-
« tifiés en leur dieu », (Histoire de la Nouvelle
Grenade).

Le nombre quatre était sacré pour les Quichuas : le monde était divisé en quatre parties, l'empire était divisé en quatre régions, toutes les villes étaient divisées en quatre par des rues qui coupaient la ville en croix, quatre fêtes principales divisaient l'année.

Nous ne devons pas oublier que ces peuples, par les Amautas, ont connu dès les temps des premiers Pirhuas, assez d'astronomie pour se rendre compte de la position qu'ils occupaient sur le globe, la ligne de l'équateur. Ce serait une première explication de cette croix symbolique. Le culte phallique est une autre explication. Les statuettes consacrées au Dieu Kun et les statues le représentant étaient en général phalliques. On sait que la croix eprésente les principes mâle et femelle unis. C'est aussi le symbole de l'Absolu.

Les Kanopas du Pérou et les Cabires de Samothrace protégeaient la famille et guérissaient les maladies de l'homme. Des deux côtés le culte était confié à une caste sacerdotale de médecins appelés Κωιζ, à Samothrace et Koyas au Pérou. Ceux-ci faisaient partie du troisième

collége sacerdotal officiel et étaient chargés de l'embaumement des cadavres et des soins médicaux. Selon Pierre Martyre « Ces prêtres cueil-
« laient aux saisons convenables, et d'après un
« rite déterminé, certaines herbes auxquelles
« les conjonctions des astres prêtaient des ver-
« tus merveilleuses ».

Ces quelques lignes sont grosses de révélations. En effet, il suffit de lire un grimoire quelconque pour voir que tous les magiciens bons ou mauvais, de tous les temps ne font pas autre chose, cueillir les plantes et les préparer quand les planètes sont en telle ou telle conjonction.

Cette pratique conservée par Pierre Martyre se rapporte certainement à la médecine occulte, qui croyait, et nous sommes tentés de le croire avec elle, que les plantes cueillies avec un certain cérémonial doivent acquérir, outre leurs propriétés propres, des qualités magnétiques spéciales. Nous ne parlons pas de l'époque de la récolte qui était calculée selon l'état de la maturité requis, état qui, annuellement devait se présenter à l'époque de la conjonction de tel ou tel astre. Nous connaissons la science médicale des Koyas, mais nous n'y reviendrons pas.

Nous croyons avoir démontré que la science occulte, dans ses trois divisions, occupait un rang très élevé chez les Quichuas, anciens. Malheureusement *ces superstitions* ont été considérées comme indignes de figurer dans les relations des auteurs trop catholiques pour comprendre quoi que ce soit en dehors de leur credo. Le peu que nous en savons, nous le devons à leurs critiques et surtout à leurs désirs de prouver l'absurdité de ces pratiques qu'ils ne pouvaient comprendre, en attribuant les résultats souvent surprenants à l'intervention du démon, ce Deus ex machinâ si commode pour les ignorants.

Nous traduisons une légende des Quichuas, sans en garantir l'authenticité ; elle est rapportée par le Dr Filiberto de Oliveira Cézar, dans son livre : *Legendas de los Indios Quichuas.*

« Le septième Inca du Pérou, *Yahuar Huakkak*, le pleureur sanguinaire, lorsqu'il n'était encore que prince fut envoyé par son père avec 15,000 soldats sous ses ordres pour conquérir de nouvelles provinces et augmenter l'importance de l'empire.

« Ce prince se dirigea aux provinces des Antis, habitants des contreforts des Andes, qui en général adoraient comme dieux des tigres et de grands serpents.

« Les naturels affirmaient que ces serpents étaient énormes, de plus de vingt-cinq pieds de long, qu'ils étaient les maîtres de la contrée quand ils vinrent s'y établir, qu'alors ces serpents étaient très féroces et qu'il fallut les enchanter pour les rendre moins mauvais. Ce fut une magicienne célèbre parmi eux qui les dompta et les rendit si familiers qu'ils furent considérés comme sacrés. La magicienne devinait l'avenir au moyen de ces serpents qui, disait-on, lui parlaient.

« Quand Yahuar Huakkak revint au Cuzco, il fit apporter à la cité impériale un grand nombre de ces serpents sacrés, ainsi que la magicienne.

« L'Inca Rokka, suivi de sa cour, fût les visiter et, dit-on, trouva étrange que des peuples civilisés fussent assez peu intelligents pour adorer des animaux si vils. Il ordonna cependant, pour le divertissement de la cour et pour conserver le souvenir de l'expédition de son fils, que les serpents restassent aux soins de la magicienne dans un endroit qui depuis porta le nom de *Amaru-Kancha*, quartier des serpents. Il y a eu toujours des serpents dans cet endroit, et aux époques postérieures à l'Inca Rokka, le peuple avait la coutume d'aller consulter les magiciennes qui les soignaient.

« On dit que ces magiciennes guérissaient les maux d'yeux et devinaient par le clignotement des paupières. Peu à peu, jusqu'aux Incas eux-mêmes, tous crurent à cette divination.

« C'était de bon augure quand la paupière

supérieure de l'œil gauche clignotait, cependant c'était bien meilleur si c'était la paupière de l'œil droit ; ce qui indiquait que des choses très heureuses devaient arriver, c'était signe de prospérité et de plaisirs.

« Si au contraire c'étaient les paupières inférieures qui clignotaient, la droite signifiait pleurs, choses désagréables, maladies et chagrins. Si c'était la paupière inférieure gauche, tous les maux devaient arriver.

« Le moyen que l'on employait pour conspirer ces maux consistait à se faire appliquer par la magicienne, sous la paupière inférieure gauche, une petite tranche d'une espèce de tubercule. »

Cette croyance du clignotement des paupières existe encore ; il n'est pas rare de rencontrer beaucoup de personnes avec la traditionnelle tranche de Culen-Culen (Psoralea esculenta) appliquée sous l'œil gauche.

La tradition des serpents domestiqués est un fait réel, qui existe encore. Certaines contrées des Andes sont infestées de deux espèces de rongeurs, très nuisibles aux récoltes : la Chinchilla et la Viscacha. Ces animaux se creusent des terriers où il est très difficile de les détruire. Les serpents seuls peuvent entrer dans leurs terriers et en faire leurs proies. De là la domestication des boas et des lampalaguas.

Deux bas-reliefs du temple métropolitain sur le Rimac représentent deux serpents et différents signes qui se retrouvent sur les étendards, doubles, croix, cercles. Un de ces serpents se mord la queue, l'autre est debout.

Comme les chroniqueurs anciens n'ont rien écrit sur ce symbole du serpent se mordant la queue, nous nous contenterons de faire remarquer que ce symbole appartient à tous les peuples aryens et pélasges et qu'il n'est pas rare de rencontrer, dans les temples anciens de la Grèce, des bas-reliefs avec des serpents debouts.

L'OCCULTE CHEZ LES ABORIGÈNES MODERNES

La Machi, cette magicienne de la Pampa, le médecin des Indiens araucaniens, ne peut être admise aux études préparatoires sans remplir certaines conditions qui indiquent une sélection raisonnée. Elle doit être plus blanche, plus intelligente, de physionomie plus régulière que les autres enfants de son âge, de dix à douze ans. Ses parents doivent être sains et robustes et avoir d'autres enfants.

Son noviciat, qui dure de huit à dix années, est un entrainement physique, intellectuel et moral. Elle jeûne tous les cinq jours, ne prend pendant son jeûne qu'une infusion de *cleel*, c'est une graminée, Andropogon schœnanthus. Tous les jours, au lever du soleil, elle fait ses ablutions au ruisseau ou à l'étang le plus proche, ablutions qu'elle devra toujours continuer.

Sous la direction d'une machi elle étudie les plantes, leur emploi, et apprend à connaitre l'époque la plus favorable pour la récolte. Vers les dernières années de son noviciat, qui se termine à vingt ans, elle accompagne son guide lors des visites aux malades.

La machi doit rester vierge et celui qui tenterait de la séduire serait certainement mis à mort ; le même sort lui est reservé si elle s'abandonne à un homme.

Pour développer ses dispositions à l'extase somnambulique, on l'enferme dans un toldo, sans autre ouverture que la porte ; une machi reste avec elle ; toutes deux doivent être à jeûn depuis la vielle au matin. La machi brule lentement du *putroquin*.(Nicotiana glauca), du *Tumu*, résine du *Huigan*, (Schinus mollé, térébentinées). Bientot une fumée aromatique remplit le toldo. La machi fait résonner d'abord très fort la *Huata*, en tournant autour de la novice, peu à peu le roulement de la Huata diminue et est remplacé par un chant religieux *Cunquen*, monotone, qui plonge la novice dans une torpeur magnétisme. La Huata est une calebasse sèche dans laquelle il y a des petites pierres choisies et consacrées.

Souvent on commence les fumigations par un bain de vapeur dont on élève la chaleur jusqu'au moment où il se produit une congestion cérébrale et des hallucinations. Ces pratiques d'entrainement se repètent tous les mois jusqu'au moment ou la future machi entre franchement en trance somnambulique. Lorsque cet état se présente la machi ouvre la porte du toldo afin de diminuer l'effet des narcotiques, et interroge le sujet. Après chaque séance d'entrainement la novice prend un bain froid et fait une course à pied d'au moins une heure.

Cet entrainement est la première partie, c'est le somnambulisme extatique inconscient c'est-à-dire subi,

Pour que l'entrainement soit complet il faut que la novice résiste à l'effet des parfums et des narcotiques et n'en subisse l'effet qu'à sa volonté. C'est là le point le plus important.

Le nombre des machis est assez restreint, d'abord par les exigences physiques, les études préparatoires à la connaissance des plantes et des parties du corps humain, en outre si l'entrainement ne donne pas le résultat exigé, la novice restera novice et ne sera que l'aide d'une machi. Les plus savantes et les plus entrainées magnétiquement sont au service du cacique de la tribu.

Voici comment on pratique l'admission d'une

machi qui a déjà prouvé son savoir dans la pratique des maladies et sa connaissance des moyens curatifs employés.

Pendant cinq jours elle doit jeûner, ne prenant que deux fois par jour une infusion de Cleef. Elle pratique tous les deux jours la trance passive au moyen des fumigations et du bain de vapeur. Elle reste enfermée toute seule dans le toldo ou elle doit entretenir la fumigation toute la nuit qui précède le jour de sa réception, qui n'aura lieu que si elle a brulé tous les parfums, a su résister au sommeil et éviter la trance.

Au lever du soleil le Leycuréchué, la corporation des machis, cinq ou six généralement, entrent dans le toldo portant chacune une torche fumeuse de plantes narcotiques et faisant résonner les Huatas, sacrées, la *Cuzé*, la première s'approche de la novice, lui prend les mains et l'oblige à tourner sur elle-même jusqu'au moment ou elle tombe privée de sentiment. Toutes se retirent du toldo, qu'on laisse ouvert. La Cuzé lui fait des passes sur la tête et la poitrine, fait exécuter aux bras quelques mouvements de flexions qui facilitent la respiration ralentie. Quand l'état d'extase est bien déclaré, elle conduit la novice près d'un malade assez gravement atteint, ou sont réunies les autres machis. Si la novice est digne d'entrer dans la corporation elle doit pouvoir faire connaitre les symptômes de la maladie et en indiquer les remèdes. Toujours en trance, elle est ramenée au toldo, on lui fait boire une forte infusion de Passu, Anthemis Cotula; si elle ne revient pas à elle, on lui jette un peu d'eau à la face. Elle est ensuite conduite par toutes les machis, au Ghulmen, cacique de la tribu, qui la félicite et donne une jument qui sera sacrifiée et sera le morceau de résistance de la fête à laquelle tout le village prend part.

Les Machis emploient différents moyens de divination : par les astres, le chant des oiseaux, les poulets sacrés, qui sont des perdrix apprivoisées, la fumée, la Huata, la paille, les branches et la plus importante l'extase somnambulique.

. Quand le cacique veut entreprendre une expédition guerrière ou de chasse ou traiter une affaire d'intérêt général, il consulte les Machis, qui interrogent d'abord les astres. Dans leur divination entrent la voie lactée *Rupu-épéu*, la croix du sud, *Punon choiqué*, les chevreaux *Nau* et les Trois Maries, Guélu-cula.

Si tous les astres sont visibles et s'ils ne sont pas couverts par des nuages, c'est une preuve que le Hualicho, le mauvais esprit, peut être éloigné et que l'entreprise réussira. Les nuées de Magellan sont d'une grande importance:

quand même toutes les autres constellations seraient invisibles si les nuées sont brillantes, bon pronostic Les Trois Maries sont favorables si toutes trois brillent du même éclat. Les oracles sont prononcés selon le plus ou moins d'éclat des astres consultés.

La divination par le chant des oiseaux se fait de jour ; dans un toldo complètement fermé dans lequel on place quelques oiseaux chanteurs, chacun dans sa cage. On les tient dans l'obscurité pendant un certain temps, puis on ouvre la porte afin de faire entrer la lumière. Selon le nombre d'oiseaux qui chantent, la qualité et le nom du chanteur, le sort sera bon ou mauvais.

Avec les perdrix : on fait des petits tas de différentes graines, toutes du goût de l'oiseau qu'on laisse jeûner pendant un jour, selon le tas ou les tas qu'il choisit les Machis reconnaissent si l'expédition doit se faire ou non.

La fumée d'une torche faite avec différentes plantes choisies pour cet usage, selon qu'elle monte, fait des spirales ou s'applatit, les signes sont bons ou mauvais.

La Huada sacrée est une calebasse dans laquelle il y a différentes pierres, des blanches, des rouges et des noires, en quantités égales. Quand on veut consulter le destin on fait une invocation à Ghunéché, le bon génie, le Dieu suprême ; on brûle du Numu pour en parfumer la Huata qu'on agite vivement afin de mélanger les pierres, on enlève la statuette en bois ou en argent qui ferme la petite ouverture par ou les pierres ont été introduites, puis on secoue trois fois de façon à faire sortir les pierres qu'on reçoit sur un manteau étendu sur le sol. Si les rouges dominent, c'est parfaite réussite, si ce sont les blanches c'est presque aussi favorable ; si les rouges et les blanches réunies sont supérieures aux noires, c'est moins bon ; quand ce sont les noires qui sont en plus grand nombre l'affaire est très mauvaise.

La Machi, Cuzé, fait prendre par une novice une poignée de brins de paille, qu'elle coupe en morceaux d'environ un centimètre. On les mélange dans un vase quelconque et la novice les jette sur le manteau. Les figures que ces brins de paille formeront seront interprétées par les Machis.

La divination par les branches et les feuilles est celle décrite dans le chapitre précédent.

Les résultats de toutes ces devinations en forment une définitive, selon que les bons ou mauvais présages dominent.

La Machi, la mieux dotée au point de vue de l'extase, est soumise aux fumigations narcotiques et tombe promptement en somnambulisme. Dans cet état elle est conduite au Cacique qui l'interroge et décide, d'après les présages et les réponses de la Somnambule si l'expédition doit se faire.

Namuncura, cacique général des Pampéens, en 1889 a pu échapper aux troupes argentines, grâce à une machi, somnambule qui l'avertissait des mouvements des envahisseurs de son territoire.

Les machis vivent en communauté, ayant à leur charge les Novices ; elles obéissent toutes à règle très sévère de réclusion, ayant très peu de contact avec les habitants en dehors des soins à une donner. C'est la tribu qui pourvoit à leurs besoins. Elles ne peuvent exiger de salaire pour les soins et médicaments. Cependant c'est la règle de faire des cadeaux, soit en vêtements soit en bijoux. Les machis sont toujours très soigneuses de leur toilette. Quand un particulier veut consulter le destin il doit payer ; le prix est au profit de la communauté, généralement des vivres ou des animaux.

La Thérapeutique des machis comporte deux méthodes : la première *Mogen Elun*, plantes, bains, massage, saignée, séton, c'est la médecine vulgaire ; la seconde le *machitun*, enchantement. Il y en a deux : le *Mollfuntna*, sacrifice de sang, et *Maupiquelen*, guérison par le rire.

La Machi jeûne pendant un jour pour se préparer au Mollfuntna. Elle fait planter deux pieus auxquels sont suspendus un vase contenant une boisson préparée par elle et un tambourin. Attaché au même pieu il y a un jeune cheval de la couleur indiquée par la machi. On enlève le malade de son toldo, on le couche sur un lit de peaux, exposé au Soleil.

Deux novices frappent le tambourin, la machi chante une invocation sur un rithme monotone en faisant plusieurs fois le tour du malade, elle allume une torche de putroquin et de Numu tabac et parfums, qu'elle passe plusieurs fois sous le vase suspendu. Elle enfume fortement le malade en criant : *Amuy huesa Huecufu*, Va-t-en, retire toi, esprit de la maladie ! Elle aspire alors fortement la fumée, s'approche du patient, lui découvre la partie malade, fait plusieurs insufflations chaudes, puis y appliquant, les lèvres elle fait une succion jusqu'au sang. Il est rare qu'après cet effort la machi ne tombe pas évanouie. Promptement elle revient à elle fait boire au malade le remède préparé. Les novices et les assistants disent alors les paroles suivantes en frappant sur le tambourin : *Amuti tripa Huecufu*! il s'en va l'esprit mauvais ! Le cheval est immolé on en donne le cœur à la Machi, qui, avec le sang fait au malade une croix au front et en frictionne tout le corps. On écorche un mouton et la peau toute chaude sert à envelopper le patient, s'il n'est pas trop faible on le fait danser pendant que la machi tourne autour de lui, lui appliquant de temps en temps les mains à la partie malade. Le patient doit aller seul à son lit ou il transpire très abondemment, transpiration qui souvent le met hors de danger. La peau de mouton est enlevée le lendemain pendant un bain de vapeur. Ce machitun est généralement employé pour les maladies des poumons et de la plèvre.

Pour le *Maupiguelen*, on fixe aussi deux pieux on y joint une enceinte de feuillage avec une seule ouverture au couchant, on place le malade sur un lit de peaux en face de l'ouverture, regardant l'orient, deux indiennes se placent à ses pieds. Dans l'enceinte il y a cinq ou six gulchas, jeunes filles, très biens parées. Elles sont pourvues d'un vase contenant une préparation pour se peindre la face et les bras. La machi donne à chacune des indiennes, aux pieds du malade, un bâton d'environ un mètre, orné de plumes d'autruches et une Hualda. On sacrifie une jument blanche à laquelle on coupe la queue et la tête, ayant soin d'enlever la lèvre inférieure. La tête et la queue sont données à deux vieux indiens, amis du malade. Quand tout est préparé les gulchas font en dansant plusieurs fois le tour du malade et rentrent dans l'enceinte de feuillage ou elles se peignent de la façon la plus grotesque. La machi frappe alors le tambourin, les indiennes font résonner les hualtas et secouent et les batons en faisant des contorsions burlesques. Les vieux indiens entrent aussi en danse l'un agitant la queue du cheval et l'autre la tête.

La machi fait entrer les gulchas peintes et tous se mettent à danser le plus drôlement possible. Le malade est pris d'un fou rire qui très souvent le guérit.

La machi profite de la détente produite par le rire sur le malade pour le faire lever et marcher en lui disant avec force *Utran! utran ta amuy*, Lève-toi ! Lève-toi et marche. Cette suggestion produit presque toujours son effet.

Ceci nous rappelle une anecdote d'un prélat très malade, qui a été complétement guéri, pris d'un fou rire en voyant son singe se coiffer de sa barrette.

Quand la machi ne peut guérir une maladie et que le malade est sur le point de mourir ; afin d'éviter que la même maladie incurable, ne fasse d'autres victimes dans la famille elle fait un *Kati*

Toute la famille se réunit autour du mourant ; la machi respire fortement la fumée aromatique du Numu, qui brûle en dehors du toldo et entre en trance. Elle indique pourquoi le malade ne peut guérir et demande qu'on consacre un kati pour préserver la famille. Elle indique de quoi il doit être fait, de peau d'animal de linge ou de métal. Elle tourne quelquefois autour du malade puis fait une succion sur la partie la plus malade, jusqu'à en faire jaillir le sang, qu'elle rejette sur le kati qu'on lui présente.

Lorsque la trance est terminée elle fait des fumigations sur le kati chaque fois accompagnées d'une invocation au Ghunéché et d'un imprécation au Hualicho. Elle coupe des cheveux à la nuque du moribond, les réunit au kati et enferme le tout dans une boite spéciale jusqu'au jour de la mort.

Selon la gravité du cas elle accompagne le plus proche parent qui doit aller joindre le kati aux autres déposés aux branches de l'arbre sacré *Mamul falun*, (Gaiacum Chilensis).

A Guamini, dans l'île du lac, il y avait un de ces arbres qui a été cause de la mort violente des soldats bucherons qui l'avaient détruit.

Nous avons promis, quand nous avons mentionné ce fait de faire savoir pourquoi le cacique *Namun Cura*, pendant plus de trois mois a lutté pour défendre cette partie de son territoire et le reprendre une fois occupée par les troupes argentines.

Le terrain n'est pas plus fertile que n'importe lequel de la Pampa; l'eau du lac est aussi amère et saumâtre que celle des autres lacs; la topographie est la même plaine immense, comme le reste de la Pampa. Il fallait donc que Namun Cura, cacique général pampéen ait eu un intérêt autre que la possession d'un territoire égal à tant d'autres.

La Pampa est une plaine de plusieurs milliers de kilomètres carrés, à peine accidentée de quelques dunes. C'est une immense prairie sans aucune espèce d'arbres. C'est seulement aux pieds des contreforts des Andes et dans la Patagonie australe qu'il y a quelques arbres.

La fourmi noire dévore en peu de temps toute plantation d'arbres et autre, si auparavant on ne prend pas la précaution de détruire les nids les plus voisins, et si des soins continus n'éloignent ces insectes destructeurs.

La forêt du lac de Guamini fait exception à cette règle générale de la Pampa ; l'eau qui l'entoure de toute part la protège contre la voracité des fourmis. C'était certainement à plus de cent lieus à la ronde, la seule forêt où les machis pouvaient trouver l'arbre spécial destiné à conserver le kati, garantie des familles contre les maladies incurables. Raison puissante qui a fait lutter Namun Cura pour conserver cette partie unique en son genre de son territoire.

Maintenant il nous reste à expliquer le fait, qui pourra paraître étrange, de ce lac aux mouvement insolites et de la noyade des soldats bûcherons.

Il est facile d'attribuer au hasard la mort de ces rieurs.

Le hasard n'existe pas, ce que l'on nomme hasard n'est que la résultante de causes souvent multiples et sans grande importance apparente, qui par leur production amènent des résultats inattendus.

Nous ne croyons pas, pas plus que ne l'ont cru soldats et chefs de la garnison de Guamini, que l'on puisse attribuer au hasard la mort des soldats bucherons, violateurs du sanctuaire consacré par de longues années de pratiques mystérieuses des Machis.

Tous ceux qui étudient l'occulte savent que toute invocation est une force. Ils savent que la consécration faite, soit au Hualicho, soit au diable, soit à n'importe quelle entité extra humaine, attache à l'objet consacré un ou plusieurs élémentals et quelque fois des élémentaires. Si nous considérons que l'arbre consacré au Hualicho dans l'île de Guamini, remonte certainement à plusieurs siècles, que de tous les points de la Pampa centrale les machis plusieurs fois l'année répétaient ces consécrations; les faits paraîtront moins impossibles,

En admettant seulement la *Volonté* de toutes ces machis, développées psychiquement par l'entraînement que nous connaissons, cette seule force serait suffisante pour produire la défense de ce lieu consacré. Il faut y ajouter comme force vive le respect et la crainte et surtout la foi de toutes les tribus qui venaient y accomplir les rites du Kati.

Il est certain que la machi des tribus soumises, qui vivaient alors à Guamini, a été l'étincelle qui a produit cette manifestation de force irritée. Le désir véhément que cette violation fut punie par le Hualicho a amené certainement sur les bucherons la vengeance des forces extra humaines violentées dans la paisible possession du culte que leur rendaient les Pampéens depuis des siècles.

MAGIE NOIRE. CALCNUTUN

Certaines pratiques de la magie noire que l'on retrouve un peu partout, chez les sauvages comme chez les civilisés, chez les anciens comme chez les modernes feraient croire à une initiation noire parallèle à la science des mages.

L'envoûtement, par exemple, avec des pratiques analogues sinon identiques existe partout où on veut se donner la peine de le chercher.

L'Indien de la Pampa n'est pas à l'abri de ce sortilège. Ses lois répressives indiquent la peur qu'il en a. Les Sorciers qui sont considérés comme la cause d'une mort sont condamnés à perdre la vie, abandonnés à la vengeance des parents du mort ou bien brûlés vifs. La mort subite, la mort sans maladie, la mort noire *Curu lan* est spécialement regardée comme le résultat de la malice d'un sorcier noir, *calcnu*.

Quels sont les moyens employés par ces sorciers ? Ils sont complexes. Ils tâchent d'abord de se procurer quelque chose ayant appartenu à la victime ; s'il peut avoir des cheveux il est certain de la réussite.

Selon Fitzroy, « Les Pampéens et Patago-
« niens croient que dès l'instant que le sorcier
« a pu se procurer les cheveux et les ongles de
« quelqu'un il peut lui nuire. Ils prennent toutes
« les précautions possibles, afin d'éviter ce
« malheur ; ils brûlent ou enterrent les cheveux
« qui leur tombent ou quand ils les coupent. »

Kéating ajoute « chez les Chipénagos, tribus
« des contreforts des Andes, un sorcier peut
« transmettre une maladie et même donner la
« mort en faisant l'image, en terre, de son en-
« nemi, en la perçant à l'endroit du cœur et en
« introduisant certaines plantes dans l'orifice
« produit. »

Le sorcier pampéen en possession des cheveux ou d'objets ayant appartenus à celui auquel il veut nuire, les mélange, réduits en menus morceaux, à de la terre glaise avec laquelle il fait une figurine qu'il habille aussi exactement que possible comme le fait la personne a qui ils appartiennent.

Les Indiens refusent de laisser faire leur portrait prétendant que par ce moyen on peut leur nuire.

A la nouvelle lune le sorcier commence ses invocations au Hualicho, lui demandant de l'aider, Il se retire loin des toldos afin de pouvoir se livrer en toute sûreté à ses pratiques haineuses. Il fait un petit feu avec le crotin du cheval préféré de sa victime, place aussi près que possible, sans la brûler, l'image en terre, l'injurie, la menace, l'insulte, en un mot il s'exalte dans sa haine. Quand il est arrivé à une espèce de trance il plonge dans l'endroit du cœur la pointe de son couteau. Tous les jours il continue sa haineuse conjuration.

Il travaille aussi pour les autres, il met au service des envieux et des méchants ses infames sortilèges.

L'envoutement existe chez presque tous les peuples de l'Inde, le ministre hollandais Abraham Roger, le jésuite Bouchet, le P. Marini, le P. Tissanier, en parlent comme d'une pratique commune. Valentin, dans la description des Indes Orientales dit : « Dans l'île d'Amboine, mo-
« luques, la sorcellerie réside en certaines
« familles, elles seules ont le pouvoir de l'exer-
« cer et par ce moyen de se faire craindre de

« leurs compatriotes. Leur crédulité, sur l'ar-
« ticle du sortilège, imite beaucoup celle des
« anciens Romains. On peut comparer aux ima-
« ges de cire de ceux-ci les images de bois des
« insulaires d'Amboine. Les sorciers d'Amboine
« prétendent que tous les coups donnés à
« l'image de bois peuvent tourmenter et faire
« périr celui dont ils veulent se venger. »

Horace n'a-t-il pas écrit :
« Lanea et effigies erat, altera cerea : mayor
« Lanea, quœ pœnis conpesceret inferiorem
« Cerea suppliciter stabat, servilibus ut quœ
« Jam peritura modis... »

Les Indiens croient qu'on peut ensorceller les enfants par un regard, par l'attouchement. Cette croyance est profondément enracinée dans toute la population Argntine, *el dano*, le dommage, le mauvais œil, la jettatura des Italiens, est monnaie courante du pourquoi de certaines maladies de l'enfance, et de toute maladie à caractère un peu étrange qui attaque n'importe qui.

Valentin déjà cité indique la même croyance chez les Moluquois.

Les Pampéens et Patagoniens croient quand ils éternuent que c'est un sorcier qui veut leur faire du mal. C'est pour cela lors de l'éternument, s'ils sont seuls ils brandissent la lance ou le couteau ; s'ils sont plusieurs tous disent *amuy* va-t'en et brandissent leurs armes.

Il ne faut pas confondre le fileu, sorcier médecin avec le calcnu, sorcier mauvais. Le filcu s'occupe de guérir les maladies par des incantations ; il prédit aussi l'avenir. C'est le concurrent de la machi : il emploie comme elle l'extase somnambulique et quelques plantes. C'est le pratiquant non diplômé, avec tous les désagréments attachés à l'exercice extra-officiel de l'art de guérir ; s'il se trompe et que le malade meurt il peut être considéré comme calcnu et voué à la vengeance des parents du défunt. Il suffit que la machi, consultée à cet effet, affirme que la mort a été causée par lui pour qu'il n'ait d'autre ressource que la fuite pour échapper à la vengeance et à la rigueur de la loi.

Chez les Patagoniens le sorcier mauvais, *Shoiken*, quand il exerce ses fonctions doit se vêtir comme une femme. Il est généralement craint et détesté ; les Patagoniens croient que tous les maux qui leur arrivent sont envoyés par les sorciers. Ceux-ci attribuent leur pouvoir à la possession de certaines pierres percées et de forme irrégulière et on croit qu'ils perdent leur pouvoir si on leur enlève ces pierres. Quand un sorcier mauvais meurt, la langue et le cœur en sont donnés aux chiens, parce qu'on croit que c'est là la demeure des mauvais esprits.

Les médecins des Patagoniens emploient

aussi l'extase, qu'ils obtiennent par un jeûne prolongé et quelques fumigations.

Chez les Quichuas actuels de l'Argentina et du Pérou, comme aux temps des Pirhuas et des Incas, les Huilkas, les Koyas et les Sipas, sont les prêtres, les médecins et les devineresses.

Kau est le sorcier paysan.

La conquête espagnole a arrêtée sinon détruit officiellement la pratique de l'occulte qui a dû se refugier dans les tribus réfractaires à la civilisation fanatique des envahisseurs.

Le Quichua proprement, dit, peuple spécialement agriculteur, attaché à la terre, si péniblement défrichée, des hauts plateaux, a subi plus que les autres tribus le joug du conquérant. Cependant malgré les missions catholiques il est facile de retrouver chez les quelques tribus libres du mélange de race, les pratiques occultes. Certainement que ces pauvres indiens, d'autant plus facilement dominés qu'ils étaient habitués depuis des siècles à obéir à des lois protectrices pour tous, ne sont plus les Quichuas de la civilisation des Incas. L'occulte si savant de leurs ancêtres n'est plus pour eux qu'une pratique empirique et ignorante. Les effets produits sont les mêmes, le phénomène occulte sollicité obtient sa réalisation. La science qui prévoit et modifie n'existe plus, il ne reste que la Foi, ce facteur si puissant de l'occulte cérémonial.

Les Koyas, les vrais Koyas, possèdent encore à un haut dégré la science curative si étendue de leurs ancêtres. Ils sont bien rares aujourd'hui, grâce à la guerre ignorante que leur font les médecins diplômés. Les Koyas qui ont profité des facultés de médecine du Pérou pour perfectionner leurs études sont certainement meilleurs et plus expérimentés que leurs collègues métis ou étrangers.

Les écoles que cette corporation sacerdotale dirigeait ont été détruites par l'espèce d'esclavage dans lequel les colons envahisseurs maintiennent les tribus soumises, et surtout par la guerre de destruction faite aux tribus qui luttent encore pour conserver leur indépendance. Dans quelques villages indiens du Haut Pérou il y a des congrégations de Koyas qui savent encore employer et enseignent certaines pratiques occultes, tout comme leurs confrères les Huilkas; l'application des mains sur la partie malade, les insufflations chaudes et les passes.

Parmi ces Koyas il y a aussi quelques charmeurs de serpents. Dans leurs périgrinations à travers l'Amérique du Sud nous les avons vus vendant quelques talismans et fabriquant des philtres amoureux.

La pierre Bézoard, jouit chez le peuple, dans tout le Pérou et les provinces du Nord de l'Argentina d'un pouvoir surnaturel, c'est une panacée. Tous les ans, au printemps, l'Apus Képay, le doyen, le chef des Koyas, consacre une certaine quantité de cette pierre bézoard, reste des cérémonies anciennes faites avec la pompe et l'appareil du rituel si imposant des époques incasiques dans les temples merveilleux du Cuzco. Cette pierre extraite de l'estomac des ruminants Ganacosllamas et vigognes, sacrifiés dans les temples, consacrée par des rites solennels était conservée par la corporation des Koyas comme moyen puissant de guérison de certaines maladies et comme amulettes, préservatives des dangers.

Peut être que tout le bézoard qui se vend actuellement n'a pas été consacré par l'Apus Kepay, mais comme la *piedra bezar* est surtout employée pour la cure des maladies nerveuses, souvent c'est la foi qui sauve.

Une pratique occulte qui nous a profondément surpris, c'est l'usage de la baguette divinatoire, qui remonte selon les Sipas qui la pratiquent actuellement à des époques très éloignées:

C'est une baguette d'environ un mètre cinquante centimètres, qui ressemble à la crosse des vestales, cette croix ansée à deux branches. Cette ressemblance pourrait faire supposer qu'elles pratiquaient la divination au moyen de cette crosse.

Veut-on savoir le résultat probable d'une

affaire : la Sepas allume un petit bucher de bois odorant et y brûle du *Huaturu*, baume du Pérou et du *Ueken*, baume de tolu, elle prend dans chaque main une branche différente de la croix qu'elle place horizontalement au dessus de la fumée en tournant doucement autour du foyer. Si la baguette s'élève, c'est un signe favorable, si elle s'incline c'est mauvais augure; quand elle oscille à droite ou à gauche, les pronostics sont bons ou mauvais.

Il y a une autre baguette qui est beaucoup plus courte. C'est une double croix comme on en voit quelques unes sur les étendards anciens sur certains bas reliefs. Elle est composée de quatre baguettes d'environ quarante centimètres qui se croisent deux à deux à angles droits. La Sipas applique les pouces aux extrémités opposées de deux baguettes, fait plusieurs fois le tour du bucher ou brûlent les parfums. Si la baguette tourne le pronostic est favorable.

Cette baguette sert aussi à découvrir les voleurs. Dans ce cas le moyen généralement employé consiste en une noix de coco dans laquelle on introduit une baguette d'environ 60 centimètres, aussi droite que possible. La Sipas prend à pleine mains les deux extrémités de la baguette qu'elle élève avec la noix de coco à la hauteur de sa poitrine. Si la noix tourne sur son axe c'est que la Sipas est sur la trace du voleur.

Une nouvelle preuve de l'origine arienne des Quichuas c'est qu'on retrouve dans l'Inde cette pratique de la baguette divinatoire.

Wier, dans son traité *De præstigiis Damonum et incantationibus ac veneficiis.* Liv. IV. Ed. de 1583, rapporte :

« Les Banians pour découvrir si c'est Dieu
« ou le Diable qui est cause de leur maladie
« font un arc du premier petit bâton qu'ils ren-
« contrent et pendent sur la corde de cet arc
« un petit instrument semblabe à des ciseaux
« avec lequel ils coupent les noix de betel. En
« tenant cet arc par les deux bouts ils prononce
« les noms de tous les dieux et de tous les
« démons, ils disent que quand ils nomment le
« Dieu qui leur a envoyé la maladie, l'instru-
« ment tourne et que le mal vient de ce Dieu
« là. »

Knox. *Relation de Ceylan,* s'exprime ainsi ·

« Pour découvrir l'auteur d'un vol ils pren-
« nent une noix de coco et font un charme de
« la manière suivante : ils prononcent quelques
« mots sur cette noix, puis l'enfilent dans un
« bâton qu'ils mettent à la porte ou au trou par
« lequel le voleur est sorti. Quelqu'un tient le
« bâton au bout duquel est la noix et suit les
« traces du voleur. Les autres suivent celui qui
« tient le bâton et observent de répéter les
« paroles mystérieuses. Le bâton les conduit

« au lieu ou est le voleur et tombe à ses pieds.
« Quelques fois la noix qui dirige le bâton,
« tourne de côté et d'autre, ou s'arrête et on
recommence le charme. »

Il n'est pas besoin de rappeler que l'usage de la baguette divinatoire était comme de tous les peuples aryens, grecs et latins. Selon L. Figuier, Basile Valentin, serait le premier écrivain qui parle de l'emploi de la baguette pour découvrir les métaux et les sources; après lui Robert Fludd, Maiyer, Paracelse et Agricola, s'occupèrent de la baguette ainsi que tous les alchimistes leurs successeurs.

Au dix-septième siècle la baronne de Beausoleil et son mari l'employaient pour découvrir les minerais. Au siècle dernier, la découverte de sources et mêmes de voleurs au moyen de la baguette par Jacques Aymard, Mlle Olivet, Barthélémy Bleton et autres a attiré l'attention des savants sur ces phénomènes. De nos jours l'abbé Paramelle se servait encore de la baguette pour découvrir des sources et des cours d'eaux souterrains.

Les "Sorciers" des tribus indépendantes des hautes vallées des Andes, consultent les Esprits à peu près comme le font les Indiens de l'Amérique du Nord.

On élève une petite hutte de feuilles de latannier ; le sorcier y entre et immédiatement on lui attache les mains et les pieds, puis on ferme l'ouverture l'assujettissant au moyen de lianes, de façon à former un cône résistant. Les assistants dansent autour en secouant des calebasses dans lesquelles il y a des pierres et du métal. Ils abandonnent bientôt cet instrument bruyant et se prenant mutuellement par la main ils forment le cercle autour de la hutte ayant soin de garder un profond silence. Peu à peu la hutte est violemment secouée, de grand cris se font entendre et des bruits étranges paraissent sortir de la terre; puis le calme se rétablit. Celui désigné, généralement un cacique prend la parole et interroge les esprits qui répondent soit par des coups frappés, soit par des voix articulés. Si c'est de nuit des formes et des lumières sont visibles.

Quand la consultation est terminée on ouvre la hutte et on trouve le sorcier en catalepsie le plus souvent la hutte est vide, le sorcier a été enlevé par les forces mises en jeu par cette chaîne puissante de plus de cinquante personnes ayant la Foi. Quand on le retrouve, généralement en dehors du cercle, il est toujours lié, endormi et en catalepsie.

Nous avons conservé le titre du « Sorcier » donné par les voyageurs qui relatent ce fait ; de Humboldt, Juluis Frœbel, Charles Werner.

Une divination assez remarquable, le *Ychu-*

kini, divination par la paille. Tous les Sipas à la récolte du maïs préparent avec les tiges sèches quarante tronçons d'environ dix centimètres, sur lesquels elles peignent différents sujets : hommes, animaux, fleurs et quelques signes spéciaux.

C'est une espèce de Tarot.

Ces tronçons sont conservés dans une bourse d'où la personne qui consulte les sorts au hasard. Les Sipas les rangent selon l'ordre de leur sortie en quatre lignes se coupant deux à deux à angles droits. Selon les différentes combinaisons des lignes et des figures elle indique les événements à venir.

Selon les Indiens Quichuas cette divination est très ancienne.

Les Sipas des Quichuas comme les Machis de la Pampa doivent rester vierges et n'arrivent à la pratique des incantations que par un entraînement long et très sévère : le jeûne et la veille sont la base de leur éducation occulte. Elles sont comme les Machis d'excellents sujets magnétiques et beaucoup sont médiums. Pour entrer en trance elles tournent rapidement sur elles-mêmes. Quelque fois elles emploient les fumigations aromatiques ou retiennent leur respiration.

Elles vivent en communauté et accompagnent les Huilkas et quelque fois les Koyas dans les cérémonies publiques ou familiales.

Il nous reste à parler du *Kau*, sorcier paysan; c'est le rebouteux quand ce n'est pas l'envouteur.

S'il peut se procurer la Kanopa de celui auquel il en veut il est persuadé du succès. Aussi les Quichuas cachent-ils avec beaucoup de soins ces petites statuettes qui sont les Dieux tutélaires du foyer ou de l'individu.

Le Kau est peu considéré et est craint de tous. Quand on le soupçonne de nuire a une famille, les plus courageux se recouvrent la face d'un masque en écorce afin de ne pas être reconnus, bien protégés par des talismans de toute sorte, vont l'attendre, le frappent et le piétinent, sans cependant le tuer, car tous croyent que ces sorciers ressuscitent en tigres excessivement dangereux pour l'homme.

Chez les Indiens Guaranis, la Cunatai est la devineresse, et l'Anangé le sorcier-médecin.

Sur toutes les places des villages Guaranis il y a un arbre au milieu. C'est le *Humo-Mollé*, Mollé noir, *Moya Spinosa*, aux pieds duquel l'anangé fait ses invocations à *Maukauhay*, le messager des âmes.

Il est dangereux de dormir sous le Moya spinosa, il s'en dégage, surtout pendant la nuit, des parfums narcotiques qui peuvent quelque fois causer la mort, mais le plus souvent occasionnent un sommeil très agité et un réveil des plus difficiles. C'est sans doute pour cette raison qu'il a été choisi par l'anangé. Sous son feuillage qui le garantit des ardeurs du soleil, il s'énivre de la fumée du palan-palan, nicotiana glauca, et, frappant sur un tambour de forme conique recouvert d'une peau de serpent, il tourne sur lui-même jusqu'au moment où il tombe sans mouvement. Cet état dure plus ou moins longtemps et quand il revient à lui il raconte ce qu'il a vu et ce que l'esprit lui a dit.

L'anangé est aussi médecin ; il guérit les maladies par des fumigations et les bains de chaleur. Pour lui, les maladies sont des mauvais esprits. Ils vend des talismans contre eux, puisqu'ils y sont enfermés. Ce sont des silex qui contiennent quelques gouttes d'eau.

C'est lui aussi qui fabrique une espèce de Curare, le *Ticuna*, composé du jus de la *Ambihuasca*, du tabac, des pipéritées *Arupucani alinéré* et *Potpéu*, de la *Carvasca* et de *Sarnongo*, deux Jacquinia.

Il est moins efficace que le Curare des Péruviens. Selon l'anangé, pour que ce Ticuna soit bon il doit être préparé, sous ses yeux par les deux plus vieilles femmes de la tribu qui doivent macher le tabac et le cracher bien mouillé dans la calebasse où macèrent les autres plantes. Ce n'est pas, comme l'ont écrit quelques voyageurs, parce que cette préparation est dangereuse, mais bien parce que la salive des vieilles est plus abondante. La coction se fait en dehors de la hutte parce que les pipéritées employées sont tellement âcres que personne ne pourrait résister à l'éternuement violent qu'elles produisent.

Le Dr Crévaux, mort si tragiquement en explorant le Pilcomayo, a failli, lors de son expédition en 1878, au Paru et à l'Oyapock, être victime de sa curiosité scientifique, secoué violemment par des éternuements répétés pendant la fabrication du ticuna par les Indiens Rocuxos.

C'est un moyen de défense que les indiens employent souvent contre l'envahissement des blancs. Quand la présence des curieux ou des envahisseurs est indiquée, on allume autour du village, sous le vent, des feux dans lesquels on brule l'Arupucani, dont la fumée est si piquante qu'elle fait éternuer pendant des heures entières l'imprudent qui la respire. Les Guaranis pour s'en garantir se mettent dans les narines des petites boules de l'écorce de l'arbre à chemise, *Marima*, c'est une bégonia.

Quand les Indiens trouvent un de ces arbres assez gros, ils l'abattent, le coupent en tronçons d'environ un mètre trente centimètres, ils en sortent l'écorce sans la fendre de façon qu'elle forme un cylindre ils font deux ouvertures pour les bras et après l'avoir légèrement battue ils obtiennent un vêtement presque imperméable et très souple, qu'ils emploient à l'époque des pluies.

L'anangé des guaranis du Brésil et de l'Amazone est généralement l'intermédiaire commercial pour la vente du caoutchouc.

La *Cunatai* est l'enchanteresse, c'est l'amie de la lune.

Comme preuve de la force de volonté des novices, avant d'être admises à la pratique des enchantements, elles doivent boire un infusion de *caá*, herbe par excellence. Ilex guaraniensis, et de Taperiba, rupatorium guaraniensis, à laquelle elles doivent ajouter une certaine quantité du liquide corrompu qui s'écoulent des cadavres humains suspendus, dans leur enveloppes d'écorce, aux arbres de la forêt. Ce liquide est recueilli dans des calebasses, jusqu'au moment ou le cadavre est complètement desséché. Celle qui ne boira pas ce breuvage répugnant ne sera jamais Cunatai.

Le jeûne et la virginité sont aussi obligatoires. Malheur à celui qui seulement chercherait à séduire, une cunatai, il serait enfermé dans une hutte et avec lui le terrible Jararaca (Craspédocéphale), charmé par la Cunatai. La morsure de ce magnifique serpent est mortelle et la mort survient avant une demi-heure.

Elle sait charmer les serpents les plus venimeux des zônes tropicales. Elle s'est inoculé le *Huaco* selon les rites, inoculation qu'elle renouvelle chaque trois lunes. Quand elle veut charmer un serpent, elle cherche ses yeux et le fixe pendant un certain temps, en chantant une invocation monotone. Pendant cette première opération elle décrit un cercle autour du reptile, éloignée de lui d'environ trois à quatre mètres. Ensuite elle allume une torche de plantes narcotiques, continue l'incantation sur un ton plus bas et peu à peu se rapproche du serpent, toujours en tournant autour de lui et ne le quittant pas des yeux

Quand l'enchantement est parfait le serpent s'étend et tombe flasque sans mouvement ; alors la Cunatai s'approche, le saisit par le cou, aussi près que possible des mâchoires, et le porte ainsi dans la hutte de la victime, s'il y a lieu, ou le réserve pour les autres enchantements.

Elle sait fabriquer des petits colliers *Tairu*, avec les graines de l'omphalea diandra, qui acquièrent, selon elle, de puissants pouvoirs pour éloigner les mauvais esprits parce qu'ils ont été les marques distinctives de ses serpents favoris.

La Cunatai est aussi un sujet magnétique ;

nous l'avons vue, lors de la naissance d'un enfant guarani, tomber en trance et dans cet état, le premier nom qu'elle prononce est le nom que l'enfant devra porter.

Dans toutes les affaires importantes elle est consultée par le Cacique ou par les habitants de la tribu. Elle consulte par ses serpents : s'ils sont calmes, le pronostic est favorable, le contraire a lieu s'ils sont furieux et si elle doit employer le charme pour les calmer, Elle sait aussi dévoiler l'avenir en consultant un Hoco domestique ; s'il répond à son appel et selon le nombre de ses cris le succès est assuré.

Mais où la Cunatai est réellement une pythonise, c'est quand assise sur un escabeau grossier, sous l'arbre sacré, enveloppée de la fumée aromatique, elle entre en trance et répond aux questions que lui pose le Rubicha.

Les grands enchantements ont lieu lors de la nouvelle lune. Plusieurs Cunatai se réunissent dans une clairière pas très éloignée du village, afin que les habitants puissent les accompagner.

Là elles construisent une hutte de feuillages autour de laquelle elles dansent en se tenant réciproquement les mains. Souvent tous voient des lumières et entendent des bruits. Ce sont, disent elles, les esprits des ancêtres qui reviennent pour les aider. On brûle la hutte afin que les mauvais esprits ne viennent pas l'habiter.

Tout pour le Guarani est pronostic. le vent, le tonnerre, les cris des oiseaux ; de tout il cherche à tirer un bon ou mauvais augure. Il est facile de comprendre que la Cunatai est passée maitresse en ces divinations, et que c'est à elle qu'on recourt quand le secret de l'avenir reste inexplicable au trop curieux guarani.

Une vaticination originale est de consulter les caïmans, *Yacareys*, si nombreux dans tous les cours d'eaux du Chaco. La Cunatai accompagnée du consultant, qui emporte un petit agouti, va au marais le plus prochain. Elle fait les conjurations aux Yacareys ; les adjurant de dire la vérité. Au moyen d'une liane on attache l'agouti, sans le faire crier ; s'il crie c'est déjà un mauvais présage. La Cunatai et le consultant se retirent à une centaine de mètres. Elle continue la conjuration. Quand elle est terminée, une demi-heure environ, on retourne au marais. Si l'Agouti est encore là c'est le meilleur pronostic que l'on puisse espérer.

L'Indien veut-il chasser le jaguar, qu'il nomme Yaguareté, il consulte la devineresse ; qui ne lui dira pas s'il tuera la bête ; mais l'avertira s'il sera dévoré ou nom, si un petit rapace le Herpetotheres cachinnans, qu'elle conserve très soigneusement, mange ou ne mange pas.

Le costume de la Cunatai est très pittoresque : la tête est recouverte d'une sorte de diadème en plumes tissées, qu'elle porte horizontalement comme un chapeau. Le cou et la gorge sont recouverts de colliers de plumes aux couleurs brillantes et de graines rouges ; aux oreilles des plumes d'aras, qui tombent en guirlandes jusqu'aux épaules. Un pagne qui descend jusqu'aux genoux, en un fin tissus de plumes blanches et bleues ; des bracelets de plumes et de graines ornent les bras et les jambes et en font ressortir les formes élégantes en général.

Jeunes ou vieilles les cunatai sont toujours très correctement vêtues.

Les habitants guaranis des provinces de l'Est de l'Argentina, restés de race pure ou unis aux colons étrangers, ont conservé, malgré leur christianisme un grand fond de leurs coutumes anciennes. Il y a dans chaque village, plusieurs sorcières, *Brujas*, qui sont loin de valoir comme savoir et surtout comme facultés la Cunatai des tribus indépendantes du Chaco. Elles sont des sorcières dans la mauvaise acception du mot, essayant de faire le mal, de se faire craindre, afin d'exploiter la crédulité. Elles connaissent très imparfaitement quelques méthodes de divination

La femme dans toute la campagne de l'argentina, surtout l'indigène de race pure ou métisse est toujours un peu sorcière ; toutes connaissent quelques secrets plus ou moins efficaces ; où la cantharide joue le principal rôle ; elles composent des philtres d'amour et guérissent *el dano*, le mauvais œil ; elles ont des remèdes certains, selon elles pour se faire aimer. Quand elle est vieille, qu'elle a souffert et quelle souffre encore, sa magie d'amour devient de la haine ; comme elle est mauvaise, au lieu de guérir el dano elle prétend jeter des sorts et souvent certains poisons végétaux sont employés par elle.

On dirait qu'en ramassant au désert les pratiques savantes des trois ordres sacerdotaux des différentes races aborigènes, la religion civilisatrice, par sa peur du diable, a changé le bien en mal en voulant accomoder à ses dogmes les croyances si logiques des anciennes civilisations sud américaines.

Ne voyons nous pas dans les trois races principales, malgré la persécution constante qui a produit leur presque destruction, fonctionner encore ses trois ordres sacerdotaux, ombres d'eux-mêmes, sans qu'aucun n'empiète sur les attributions des autres ? La Science, tout au moins la science acquise par leurs Ancêtres, a été conservée intacte par la voie de l'initiation, accompagnée toujours d'épreuves très sévères et souvent d'études spéciales.

N'est-ce pas un spectacle admirable pour le penseur de voir, en plein désert, chez les sauvages, l'initiation scientifique occulte transmise depuis des siècles. N'est-elle pas sublime cette machi des Pampas, captive, au milieu d'ennemis, ne cédant ni à la prière et moins encore à la menace quand il s'agit de dévoiler les secrets acquis par cette initiation occulte ? N'est elle pas logique cette loi du barbare qui punit de la peine de mort le vaniteux qui veut séduire la dépositaire des destinées secrètes de l'Etat, puisqu'en la séduisant il lui fera perdre les belles facultés acquises par tant de soins, de travail et de sélection ? Ne doit en pas admirer l'abnégation de ces vierges qui n'hésitent pas à se dévouer pour leurs semblables, sans autre récompense que la satisfaction du devoir accompli.

Ceux qui étudient l'occulte, dans ses différentes phases, savent à quels dangers sont continuellement exposés ceux qui consciemment ou inconsciemment, se trouvent en continuel contact avec ses forces terribles extra-humaines.

Il faut aux Machis, aux Sipas, aux Cunatai une grande foi en leur pouvoir pour ne pas être souvent victimes de l'abus qu'elles font de la trance magnétique et des fumigations narcotiques.

Il leur faut l'air pur du désert et leur vigoureuse constitution et surtout la virginité pour résister au surmenage du cerveau, qui certainement dans un milieu plus civilisé les conduirait à la folie.

Nous savons que les civilisateurs à outrance souriront de ce fin sourire protecteur si facile à prendre quand on est à bout d'arguments, et peut-être le mot folie, en s'adressant à nous, qui pensons autrement qu'eux, sortira-t-il de leurs lèvres.

Folie certes de croire que des égoïstes, des viveurs quand même, des jouisseurs au détriment du monde entier, puissent jeter un regard de pitié sur ces pauvres êtres, nos frères, décimés par une civilisation ignorante, et bien près de disparaître de leurs anciens domaines.

Nous leur avons apporté nos vices ; nous avons souillé leurs femmes ; nous leur avons appris à mépriser la famille, à oublier que tous, nous nous devons la réciprocité de droits et de devoirs ; nous les dépouillons de leurs territoires. Après les avoir trompé par nos promesses mensongères, après leur avoir appris, que la force prime le droit et le devoir, nous trouvons étrange qu'ils cherchent, par la force, à reprendre ce que nous leurs avons enlevé par les armes, Le remington, voilà la loi ! Avez-vous acheté à ces premiers possesseurs leurs droits de propriétaires ? leur avez-vous donné des compensations après vous en être emparé ?

Barbares chrétiens vous êtes venus comme des bandits, vous avez fait œuvre de conquérants. Vous veniez leur apporter la civilisation, dites-vous ! Est-ce bien la vérité ? Vous étiez des marchands et rien de plus. Pour atténuer votre conduite de détrousseurs de grands chemins, vous avez fait sonner haut la civilisation chrétienne, la vôtre. Civilisés vous ! qui avez détruit des œuvres artistiques qu'aucun de vos grands artistes n'ont été capables, non pas d'exécuter, mais même d'imaginer. Vous ! commerçants en civilisation, vous avez monnayé et lingoté ces statues d'or et d'argent, ces jardins féériques où les plantes et les animaux d'un travail admirable, étaient de ce métal si précieux pour vous. Au moins avez-vous respecté la parole donnée ? Selon vos intérêts commerciaux et égoïstes vous l'avez toujours violée.

C'était juste ! n'étiez-vous pas les plus forts et eux si crédules et si habitués à l'honneur !

N'avez vous pas détruit des institutions civiles plus élevées que les votres ! Etaient-ce des Sauvages, des barbares ces Incas qui commandaient à un peuple de plus de douze millions d'habitants, régis par des lois qui les rendaient heureux. Votre système féodal valait-il mieux que le gouvernement presque communiste des Pirhuas et des Incas qui avaient assuré à tous la vie facile et bonne ? Vous n'ignorez pas que chez vous les routes étaient un mythe, tandis que chez les *Amerriquains* toutes les villes étaient reliées à la capitale par des voies larges et parfaitement entretenues, que parcourraient des courriers.

Vous aviez des vaisseaux dites vous ! Mais eux aussi en avaient qui avaient été créés par le génie de la race Aryenne à laquelle il appartiennent. Les vôtres, vous les devez aussi à des Aryens : sans les Basques, ces colons de l'Inde, vous ne sauriez rien de la navigation. Quand à votre science ! vous saviez bien que sans les Arabes vos anciens maîtres, vous seriez aussi ignorants que les Visigoths vos ancêtres.

Vos prêtres fanatiques sont venus après vous, eux aussi pour civiliser ! Mais trop ignorants pour comprendre, eux, vendeurs d'indulgences, la grandeur sublime de cette religion si pure d'un Dieu unique, auquel on ne doit rien demander, puisque dans toute sa puissante bonté il sait ce dont ses enfants ont besoins.

Ils ont traité d'astrolatres ces Amantas si savants, qui plusieurs milliers d'années avant que la moindre lueur de civilisation brillât chez vous, calculaient les phases de la lune, avaient établi l'année solaire, solsticiale et equinoxiale. Ils traitèrent d'ignorants, d'idolâtres ces Huillak-Umu, qui commandaient aux signes du ciel !

Superstitions ! Voilà le grand mot des ignorants.

Si vous aviez été autres que d'avides marchands d'épices ou d'indulgences, vous auriez peut-être compris qu'à côté de votre fanatique ignorance il pouvait y avoir une science que vous ignoriez. N'êtes-vous pas restés surpris de retrouver si loin de votre patrie et de ses sources de votre religion, cette belle prière du *Pater*, que vous vous attribuez bien injustement ; les ancêtres Asiatiques et peut être Lémuriques des Aryens d'Amérique la connaissaient il y a plusieurs milliers de siècles. Pourquoi, malgré l'affirmation de l'Inca Yupanki, qui dans un document conservé par vous, nie que le soleil soit le Dieu suprême, venez vous affirmer que « ces idolâtres
« adoraient les astres et que bien à temps pour les
« sauver de l'enfer, les missionnaires catholi-
« ques sont venus pour leur enseigner la vérité,
« et faire comprendre à ces ignorants amantas
« la fausseté de leur chronologie, puisqu'elle
« remonte au delà du déluge universel ce qui
« est contraire à la foi ».

En tout, prêtres catholiques, vous avez été les dignes compagnons des marchands.

Qu'avez vous fait marchands et missionnaires de paix de ces douze millions d'habitants ?

Ils doivent être bien heureux ! le bonheur a du les faire prospérer, la terre d'*Amerriqua* doit être trop petite pour vous et pour eux ? Le progrès que vous leur avez apporté leur a fait sans doute oublier leur vieille civilisation ? Triste le tableau de votre ouvrage ! En trichant un peu, peut-être, depuis le Cuzco jusqu'au détroit de Magallanes, après trois siècles d'occupation et de colonisation vous ne pourriez pas compter ces douze millions d'habitants.

Etes-vous toujours les heureux possesseurs de cette brillante couronne des Incas ? La justice ! car elle existe, aussi bien pour les petits que pour les grands, pour les unités comme pour les collectivités, la justice enfin vous a enfin été rendue ! Que vous reste-t-il de vos immenses possessions d'outre-mer ? Presque rien.

Les habitants, ces sauvages, selon vous, en s'alliant avec les colons envahisseurs se sont assimilé vos idées de possession par la force, ils ont renié votre langage, enfin ils ont réclamé à vos Vice-Rois, par la force, ce que par la force vous leur aviez pris. Grâce à cette justice que vous violez si bien, au nom de la civilisation, ils ont été plus forts que vous. Ils ont secoué le joug de la tyrannie et dans le manteau de pourpre de vos rois ils se sont taillé des républiques indépendantes.

Les Créoles descendants des conquérants et des aborigènes, après la conquête de la liberté politique pour eux, gâtés par la civilisation, ont oublié leurs frères, les insoumis, qui étaient restés libres, malgré les Vice-rois et uniques possesseurs légaux de plus des deux tiers de l'Amérique du Sud.

Les faits historiques appartenant à la critique, nous en usons en défense de nos frères opprimés.

Le général Lucio V. Mansilla, *una excursion à los Indios Ranqueles*, soutenant la même thèse s'exprime ainsi. . . . . « Le contentement était
« général, que dis-je universel. Personne, et ce-
« pendant il y avait beaucoup d'Indiens plus
« qu'éméchés, *achumados*, qui nous ait manqué
« de respect en quoi que ce soit. Au contraire,
« cacique, capitanejos, indiens de marque et la
« populace, chrétiens et captifs, tous, tous nous
« traitèrent avec la plus grande politesse et
« étiquette. Réellement nous étions bien récom-
« pensés des mauvais moments que nous avions
« passés et des désagréments du chemin.

« Que pouvaient-ils faire de plus ces bar-
« bares ?

« Leur avons-nous appris quelque chose nous
« autres, qui leur démontre la disposition géné-
« reuse, humanitaire, chrétienne des gouverne-
« ments qui régissent nos destinées sociales ?

« Alors pourquoi tant préconiser notre civi-
« lisation ?

« Nous plaindre de ce que les Indiens nous
« envahissent quelques fois, c'est la même chose
« que de nous plaindre que les gauchos sont

« ignorants, vicieux et pis encore. A qui la
« faute ? sinon à nous-mêmes »

Revenons à l'occulte. Pourquoi tant de besoin de connaître l'avenir ? Pourquoi tant de moyens de le dévoiler.

Plus l'humanité est ignorante, plus les peuples sont voisins de la barbarie, plus ils ont besoin d'être guidés dans leurs projets et aidés dans leurs résolutions. Le sauvage, en face de la Nature, qui paraît prévoir, en face des animaux qui devinent les accidents atmosphériques, est tout disposé à employer au profit de ses projets les facultés prévoyantes de la nature et les qualités, si étranges pour lui, des animaux qui paraissent prévoir les saisons et les changements qui doivent survenir dans l'atmosphère. De là à deviner lui-même l'avenir il n'y a qu'un pas ; mais préoccupé des besoins journaliers il oublie facilement le résultat de ses essais, et n'ayant point de règle fixe, il hésite dans ses conjectures. Que se présente une personne apte à conserver dans sa mémoire et à coordonner les résultats empiriques de ses essais de divination, il comprendra que mieux douée que lui, moins préoccupée d'autres intérêts primordiaux, cette personne pourra former une Science divinatoire et être son intermédiaire dans son besoin de connaître l'avenir.

C'est là sans doute la marche suivie par la

divination qui, d'empirique, a pu devenir une Science conservée secrètement et pratiquée avec succès par des sujets spéciaux. Tout comme pour la religion et le culte à rendre aux Dieux, il a fallu un sacerdoce pour conserver les pratiques devinatoires acquises et en étudier d'autres. Ce sacerdoce plus directement en contact avec les forces supra naturelles a été le fondateur de l'occulte.

Il n'y a pas que le sauvage qui désire connaître l'avenir.

On ne se figure pas ce que sont, par exemple, les tireuses de cartes pour beaucoup, ni l'influence immense qu'elles exercent sur les déterminations de personnes faibles de volonté ou peu instruites. Partout les déshérités et ceux qui vivent d'espérance consultent ces êtres souvent priviligiés qui possèdent l'étrange pouvoir de lire l'avenir.

La croyance aux Sciences occultes est bien plus répandue que ne l'imaginent les savants et les esprits forts. Plus d'un homme d'Etat consulte les tireuses de cartes.

Pour les incrédules, savants ou autres, la divination n'est que l'exploitation d'un sentiment inné ; la curiosité ; ils nient les rapports que la divination établit entre la destinée humaine et les combinaisons que l'on obtient par les différents moyens employés.

Il en est des sciences occultes comme tant d'effets naturels repoussés par les esprits forts et les savants matérialistes. Ces Sciences subsistent, elles continuent leur marche évolutive chez tous les peuples de l'Univers.

Croire qu'une Machi ou une tireuse de cartes puisse faire connaître les événements antérieurs de la vie d'un homme et dévoiler les secrets connus de lui seul. C'est l'absurde !

Mais c'est l'absurde qui condamnait la vapeur, qui condamnait l'invention de la poudre ! N'était-ce pas l'absurde pour un de nos immortels la possibilité de parler à distance et de conserver la parole enmagasinée ? Si, il y a cent ans, quelqu'un était venu dire à l'Académie que tout ce qui est tangible et peut être ce qui ne l'est pas, est représenté par une image dans l'atmosphère, que toutes les choses existantes ont un spectre saisissable, les immortels auraient considéré ce divulgateur comme un fou digne d'être enfermé. Et cependant la photographie est là qui le prouve, et bientôt la photographie de l'invisible sera acquise à la science.

Pourquoi, si toute chose a son spectre, son astral, qui peut être reproduit par un instrument, aidé de quelques préparations chimiques pour le fixer, pourquoi certaines personnes, faisant elles-mêmes, fonction d'instrument enregistreur, ne percevraient pas le spectre, l'astral, des événements antérieurs et les secrets d'une personne quelconque. Que certains êtres aient le pouvoir d'apercevoir les faits à venir dans le germe des causes, comme le savant aperçoit une science dans un effet naturel inaprécié du vulgaire, c'est l'effet d'une faculté peu étudiée, mais réelle.

De même que les corps se projettent dans l'atmosphère par leur astral, comme le constate la photographie, de même les idées, créations réelles et agissantes, s'impriment dans l'atmosphère du monde supra-matériel, psychique, et dès lors certaines créatures douées spécialement peuvent en apercevoir les formes et en tirer des conséquences.

Sans être spécialement doués, bon nombre d'observateurs un peu sérieux de la nature, peuvent assez facilement connaître les aptitudes, les passions et même la profession d'un passant.

Aujourd'hui tant de fait avérés sont issus des sciences occultes que nous devons espérer que dans un avenir prochain ces sciences seront professées dans les écoles comme on professe la chimie et l'astronomie.

L'existence de l'occulte dans tous les temps et chez tous les peuples n'est plus à démontrer, pas plus que son existence actuelle, malgré les dénégations des esprits forts et de bon nombre de savants. Nous avons pris à tâche de démontrer, la pratique de l'occulte dans ses différentes branches, chez les Aborigènes de l'Argentina, et en raison de l'origine péruvienne de quelques-uns, chez les Quichas anciens et modernes.

Notre travail, malgré tout notre désir n'est pas suffisamment complet, pour la partie qui aurait été certainement la plus intéressante, l'occulte sous les Pirhuas, ces premiers fondateurs de la synarchie Quichua. Cependant le peu qui a été conservé par les chroniqueurs indique surabondamment qu'à ces époques éloignées, bien avant le déluge biblique, selon eux, l'occulte était déjà très savant, et des collèges spéciaux étaient chargés de le transmettre par voie d'initiation.

Nous croyons avoir accumulé assez de preuves démontrant la similitude qui existe entre le Quichua et le sanscrit ; entre la religion et l'occulte des peuples qui formaient l'empire des Pirhuas et des Incas et la religion et l'occulte des Aryens et des Pélasges pour pouvoir affirmer l'origine aryenne de la race Quichua, venue en Amérique à l'époque probable où l'atlantide réunissait les deux continents, ou tout au moins les rapprochait et certainement aux origines du sanscrit quand il n'était encore qu'à l'état agglutinant.

FIN

www.ingramcontent.com/pod-product-compliance
Lightning Source LLC
Chambersburg PA
CBHW070527170426
43200CB00011B/2346